ALQUIMIA EMOCIONAL DE JUNG

Lecciones De Carl Jung Para Transformar Arquetipos En Inteligencia Emocional

Inteligencia Emocional A Través De La Individuación, Los Arquetipos Y Los Sueños

Malcolm J. Austin

Copyright © 2025 por Malcolm J. Austin

Todos los derechos reservados. Ninguna parte de este libro puede ser reproducida, distribuida o transmitida en cualquier forma o por cualquier medio, incluyendo fotocopiado, grabación u otros métodos electrónicos o mecánicos, sin el permiso previo por escrito del autor, excepto en el caso de breves citas incorporadas en reseñas críticas y ciertos otros usos no comerciales permitidos por la ley de derechos de autor.

Primera edición, 2025

Contenido

Introducción 1

1. Introducción a la Alquimia Emocional 5

2. Los Arquetipos: Fundamentos de la Psique 9

3. La Sombra: Aceptando lo Oculto 21

4. El Viaje del Héroe:
Un Camino de Transformación 34

5. Anima y Ánimus:
Integrando lo Masculino y Femenino 39

6. Los Cuatro Elementos Emocionales 44

7. La Albedo: Purificación y Renacimiento 56

8. La Rubedo: La Realización del Ser 59

9. Arquetipos en Relaciones:
El Amor y el Conflicto 64

10. El Loco (Inocente): Cultivando la Esperanza 69

11. El Guerrero: Enfrentando Desafíos 74

12. El Sabio: La Sabiduría Emocional 84

13. El Bufón: La Alegría como Sanación 88

14. El Protector: Creando Espacios Seguros 94

15. El Explorador:
La Búsqueda del Autoconocimiento 99

16. La Sincronicidad:
Conexiones Significativas 104

17. Los Sueños como Guías Emocionales 114

18. Mandalas Emocionales:
Creando Espacios Internos 121

19. La Alquimia de las Relaciones:
Transformando Conflictos..........................128

20. Rituales Emocionales:
Prácticas para la Transformación..............140

21. El Cuerpo como Reflejo Emocional 145

22. Inteligencia Emocional:
Un Enfoque Junguiano 158

23. La Creatividad como Alquimia Emocional..........163

24. Cuentos Arquetípicos: Narrativas que Sanan.......173

25 Meditaciones Guiadas para la Integración Emocional
....178

26. El Poder del Perdón: Liberando Cargas Emocionales
....183

27. La Comunidad como Refugio Emocional............196

28. El Futuro Emocional:
Visiones desde el Inconsciente Colectivo..................208

Conclusiones:
El Viaje Continuo hacia la Alquimia Emocional.......214

Sobre el Autor 219

Introducción

En las últimas décadas, el concepto de inteligencia emocional ha emergido como un paradigma revolucionario en nuestra comprensión del funcionamiento humano. Más allá de las habilidades cognitivas tradicionalmente asociadas con el éxito, como el razonamiento lógico o la capacidad de abstracción, la inteligencia emocional pone en primer plano la importancia de reconocer, comprender y gestionar eficazmente nuestras emociones y las de los demás.

Los pioneros en este campo, como Peter Salovey y John Mayer, definieron inicialmente la inteligencia emocional como "la capacidad de percibir con precisión, valorar y expresar emociones; la capacidad de acceder y/o generar sentimientos que faciliten el pensamiento; la capacidad de comprender las emociones y el conocimiento emocional; y la capacidad de regular las emociones para promover el crecimiento emocional e intelectual". Posteriormente, Daniel Goleman popularizó este concepto en su bestseller "Inteligencia Emocional", destacando su relevancia en diversos ámbitos de la vida, desde las relaciones interpersonales hasta el liderazgo empresarial.

Numerosos estudios han demostrado que la inteligencia emocional es un predictor más robusto del éxito y el bienestar que el cociente intelectual tradicional. Individuos con altos niveles de inteligencia emocional tienden a experimentar relaciones más satisfactorias, mayor resiliencia ante el estrés, un desempeño laboral superior y un mayor sentido de realización personal. Esto se debe a que la inteligencia emocional nos permite navegar de manera más efectiva los desafíos y oportunidades que la vida nos presenta, tanto a nivel personal como interpersonal.

Sin embargo, el desarrollo de la inteligencia emocional no es un proceso simple ni lineal. Requiere un trabajo profundo de autoconocimiento, aceptación y transformación de nuestro mundo interno. Es aquí donde los conceptos de la psicología analítica de Carl Jung ofrecen un marco fascinante para comprender y cultivar nuestra inteligencia emocional.

Jung postuló que nuestra psique está compuesta por diversas capas y estructuras, muchas de las cuales operan fuera de nuestra conciencia habitual. Conceptos como el inconsciente personal y colectivo, los arquetipos, la sombra y el proceso de individuación arrojan luz sobre la compleja dinámica de nuestro paisaje emocional. Según Jung, el camino hacia la totalidad psíquica implica integrar estos aspectos inconscientes en nuestra identidad consciente, un proceso que comparó con la transformación alquímica de metales básicos en oro.

Este libro explora precisamente esa "alquimia emocional" que surge al aplicar los principios junguianos al desarrollo de la inteligencia emocional. A través de sus páginas, se examinan arquetipos emocionales universales, se ofrecen herramientas para reconocer y trabajar con nuestra sombra emocional, y se trazan paralelos entre las etapas de la transformación alquímica y el proceso de maduración emocional.

Ya sea que busquemos mejorar nuestras relaciones, potenciar nuestro liderazgo, o simplemente vivir una vida más equilibrada y significativa, el cultivo de la inteligencia emocional a través del lente de la alquimia junguiana ofrece un camino a la vez desafiante y transformador. Al adentrarnos en las profundidades de nuestra psique, tenemos la oportunidad de emerger con un oro interior más brillante: una emocionalidad más rica, sabia y plenamente humana.

Malcolm J. Austin

1. Introducción a la Alquimia Emocional

¿Qué tienen en común los hornos y retortas de los alquimistas medievales con nuestra búsqueda moderna de crecimiento personal? Más de lo que podríamos imaginar. Carl Gustav Jung, el pionero de la psicología analítica, descubrió en esos antiguos textos y experimentos químicos un mapa simbólico del desarrollo psicológico humano. La alquimia emocional, inspirada en los conceptos de Jung, emerge como un puente cautivador entre la ancestral búsqueda de la transmutación de la materia y nuestra comprensión actual de las profundidades de la psique humana. Jung vio en los textos y experimentos alquímicos un rico simbolismo que reflejaba etapas del desarrollo psicológico. Bajo esta nueva luz, la alquimia trasciende su sentido literal y se convierte en un lenguaje evocativo que traza el viaje de la transformación interior. En este proceso, las emociones en bruto, comparables al plomo, pueden ser refinadas y transmutadas en el oro de la sabiduría y la integración personal.

En el centro de esta práctica se encuentra una paradoja fundamental: no busca controlar o reprimir las emociones, sino invitar a explorarlas en toda su complejidad para desentrañar su capacidad de transformación. Jung observó cómo los alquimistas repetían procesos aparentemente absurdos —disolviendo y solidificando sustancias una y otra vez— porque comprendían intuitivamente que cada ciclo alteraba tanto la materia como su propia conciencia. De manera análoga, la alquimia emocional sostiene que las emociones recurrentes, como la ira, la melancolía o la euforia, son ricas en información sobre los patrones inconscientes que gobiernan nuestras vidas. En lugar de ser vistas como obstáculos, estas emociones se interpretan como mensajeras. Un arrebato de envidia, por ejemplo, podría desvelar heridas relacionadas con el abandono, mientras que la ansiedad social podría reflejar dinámicas no resueltas con figuras parentales.

Este enfoque exige una forma de atención particular que Jung denominó "observación participante", donde el individuo aprende a ser testigo de sus emociones sin quedar atrapado en ellas. Como en un crisol psicológico, las experiencias se vierten como metales en bruto, y es el calor de la conciencia el que las funde, separando sus esencias de las impurezas reactivas. Bajo esta mirada, la tristeza deja de ser un estado que hay que evitar para convertirse en una fuente valiosa de sabiduría sobre la vulnerabilidad humana. La práctica continua de este método fomenta la creación de un "cuerpo emocional sutil", una capacidad interior para atravesar los desafíos afectivos sin fragmentarse.

El tiempo juega un papel crucial en este proceso, aunque de manera no lineal. Al igual que los alquimistas dividían su trabajo en fases —nigredo, albedo, rubedo— que se repetían en ciclos, el desarrollo emocional requiere revisitar conflictos antiguos con niveles crecientes de comprensión. Los patrones que parecen reincidir —como la dependencia afectiva o la autoexigencia excesiva— no son meros fracasos, sino oportunidades para un aprendizaje más profundo. La paciencia se revela aquí como una herramienta activa, esencial para distinguir entre ciclos de maduración y repeticiones improductivas.

No obstante, este camino se ve a menudo obstaculizado por las percepciones culturales modernas. Una sociedad obsesionada con la eficiencia y el control tiende a patologizar las emociones intensas, catalogándolas como trastornos o defectos. La alquimia emocional desafía esta visión, invitando a considerar el sufrimiento como parte de un proceso transformador. La angustia tras una pérdida no es simplemente un problema a resolver, sino el preludio de una posible reconstrucción de significado. Este enfoque no niega el dolor, pero lo inscribe dentro de un marco más amplio de desarrollo personal.

En la práctica, la alquimia emocional se materializa en rituales cotidianos que fusionan lo simbólico con lo concreto. Llevar un diario de sueños, crear espacios que reflejen estados internos o atribuir significados a objetos comunes son formas de integrar lo abstracto con lo tangible. Un ejercicio sencillo, como transformar una llave antigua en un "talismán alquímico", puede servir para trabajar con aspectos profundos del carácter, actuando como un ancla física para procesos psicológicos abstractos.

El éxito en la alquimia emocional no se mide por la ausencia de conflictos, sino por la capacidad de convertir experiencias en bruto en aprendizajes significativos. Tal como expresó un adepto medieval, "el arte no purifica las cosas; revela su pureza esencial".

2. Los Arquetipos: Fundamentos de la Psique

Imagina por un momento que tus sueños están poblados de símbolos idénticos a los de mitos antiguos que jamás has escuchado. Este fenómeno intrigante fue el que llevó a Carl Gustav Jung a proponer la existencia de los arquetipos: patrones universales que residen en lo más profundo de nuestra psique y que moldean nuestras percepciones y comportamientos. Estas formas primordiales no dictan conductas concretas como los instintos, sino que funcionan como núcleos de atracción que organizan nuestras experiencias en patrones significativos. Carl Gustav Jung los concibió no como simples categorías psicológicas, sino como fuerzas vivas que modelan percepciones y comportamientos a través de patrones ancestrales. Su formulación nació de una observación fascinante: pacientes de diversas culturas relataban sueños cargados de símbolos idénticos a los presentes en mitos antiguos que desconocían. Este fenómeno apuntaba a la existencia de un inconsciente colectivo, un estrato compartido de la psique humana donde estas formas primordiales residen. No dictan conductas concretas como los instintos, sino que funcionan como núcleos de atracción que organizan las experiencias en patrones significativos. La figura de la Madre, por ejemplo, trasciende la parentalidad; encarna principios de cuidado y generatividad que se reflejan en líderes, sistemas de creencias y en la conexión con la naturaleza misma.

Estos moldes operan como filtros que interpretan la realidad, coloreándola de maneras específicas. El arquetipo del Héroe, al activarse, transforma desafíos cotidianos en pruebas iniciáticas. Una promoción laboral, de este modo, deja de ser un trámite administrativo para convertirse en una conquista épica. Esta perspectiva arroja luz sobre cómo dos personas pueden experimentar una misma situación de formas completamente distintas: tragedia para una, aventura para otra. Lo decisivo no son los hechos objetivos, sino el marco arquetípico que les confiere significado.

Sin embargo, los arquetipos ejercen un poder paradójico: cuanto más inconsciente es su influencia, más controlan nuestras acciones. Un ejemplo sería un ejecutivo impulsado por una visión deformada del Héroe, que sacrifica salud y relaciones en un ascenso imparable, replicando la caída de Ícaro en el ámbito corporativo. La única forma de equilibrar estos patrones es haciéndolos conscientes. Este proceso requiere un análisis meticuloso de imágenes recurrentes en sueños, proyecciones personales y elecciones estéticas. Preferencias aparentemente triviales, como el rojo vibrante de transformación o el azul sereno del Sabio contemplativo, pueden revelar complejos arquetípicos activos.

El mundo onírico se presenta como un laboratorio donde la psique experimenta con estas fuerzas. Un sueño recurrente sobre persecuciones podría sugerir la influencia de la Sombra, señalando aspectos reprimidos de la personalidad que buscan integración. Pero interpretar los símbolos literalmente sería un error: un lobo puede ser tan depredador como guía, dependiendo del contexto del sueño y de la historia personal. La verdadera tarea consiste en desentrañar la función que el arquetipo desempeña en el equilibrio psíquico particular, más que en atribuirle un significado universal.

La evolución de la personalidad puede entenderse como un baile entre arquetipos que buscan armonía. En la infancia, el Huérfano enfrenta la vulnerabilidad, mientras el Inocente cultiva la confianza. La adolescencia da cabida al Rebelde, que desafía estructuras heredadas, y al Amante, que explora la intimidad. La adultez, en cambio, exige integrar estas energías y utilizarlas sabiamente según el contexto. Saber cuándo activar al Guerrero en un entorno competitivo y cuándo dejar que el Cuidador reconforte en momentos difíciles define la maestría personal.

Una herramienta útil para identificar la configuración arquetípica propia incluye varios pasos: primero, llevar un registro de decisiones espontáneas durante una semana —libros seleccionados, personajes favoritos en películas, reacciones emocionales a noticias— para identificar patrones arquetípicos. Luego, dar voz a emociones recurrentes mediante escritura automática, como si fueran figuras internas que expresan necesidades o advertencias. Finalmente, crear un mapa visual con imágenes representativas de los arquetipos predominantes y ausentes, diseñando actividades para equilibrar su influencia, como visitar espacios naturales para invocar al Explorador si predomina el Conservador.

La sombra arquetípica aparece cuando se reprimen energías esenciales para el equilibrio.

Una mujer que evita el arquetipo de la Hechicera podría experimentar rigidez emocional, mientras un hombre que reniega del Vulnerable podría volverse excesivamente racional. Rescatar estas dimensiones implica rastrear momentos en que estos arquetipos fueron censurados, como prohibiciones culturales o familiares que limitaron su expresión natural.

En el ámbito colectivo, los arquetipos también iluminan fenómenos sociales. El auge de los movimientos ecologistas responde al despertar del Guardián de la Tierra, mientras que las crisis políticas activan figuras como el Salvador o el Chivo Expiatorio. Entender estas dinámicas arquetípicas permite sortear polarizaciones y comprender los retos históricos desde perspectivas más amplias.

Ejercicio Práctico: Arquetipos en Acción

Este ejercicio propone una exploración sistemática para reconocer y comprender cómo los arquetipos moldean tus respuestas emocionales diarias. Durante siete días, se invita a observar de manera estructurada las reacciones frente a diferentes situaciones, identificando patrones de comportamiento y explorando alternativas que puedan enriquecer tu repertorio emocional.

El propósito central es profundizar en la conciencia de tus respuestas automáticas, examinar los arquetipos que las dominan y ampliar tu flexibilidad al adoptar perspectivas diversas. Este proceso no busca sustituir tus respuestas naturales, sino ofrecerte herramientas para elegir conscientemente las más adecuadas en cada contexto.

Materiales y Preparación

El ejercicio requiere un diario o cuaderno dedicado, con un espacio reservado para registrar cada reflexión al final del día. Se sugiere apartar entre 15 y 20 minutos para completar el registro diario. Como apoyo, se incluye una tabla de referencia sobre los arquetipos principales y sus características distintivas.

Metodología

Cada día, al finalizar la jornada, selecciona entre dos y tres eventos que hayan generado una respuesta emocional significativa. Para cada uno, reflexiona y documenta los siguientes puntos:

- Una breve descripción del evento.

- La respuesta emocional que surgió de manera inmediata.

- Los comportamientos que se derivaron de dicha emoción.

- El arquetipo que parece haber predominado en esa reacción.

- Dos arquetipos alternativos que podrían haber ofrecido diferentes maneras de abordar la situación.

- Opciones de respuesta desde esos arquetipos alternativos.

El registro diario se sugiere en el siguiente formato estructurado:

Fecha:

Situación:

> Respuesta inicial:
>
> Arquetipo dominante:
>
> Arquetipos alternativos:
>
> Posibles respuestas alternativas:
>
> Aprendizajes:

Guía de Arquetipos y Respuestas Comunes

A continuación, se presentan siete arquetipos con sus características principales, ejemplos de respuestas típicas y las circunstancias donde suelen ser más efectivos:

1. El Guerrero

Este arquetipo encarna coraje y determinación. Suele responder con firmeza frente a desafíos, estableciendo límites claros. En un escenario de crítica injusta, el Guerrero defendería sus ideas con argumentos sólidos, siendo especialmente útil cuando se requiere proteger principios esenciales.

2. El Sabio

Representa la reflexión y la búsqueda de entendimiento. Prefiere observar y analizar antes de actuar. Frente a un desacuerdo personal, podría priorizar la comprensión de las motivaciones subyacentes, resultando clave en situaciones complejas que exigen profundidad y claridad.

3. El Cuidador

Simboliza la empatía y el apoyo. Su reacción típica incluye ofrecer consuelo o soluciones prácticas. Ante el estrés de un colega, el Cuidador tendería a proporcionar estrategias de alivio o acompañamiento emocional, favoreciendo momentos que demandan sensibilidad interpersonal.

4. El Creativo

Asociado a la innovación y la originalidad, responde explorando alternativas inesperadas. En un proyecto grupal estancado, podría sugerir un enfoque disruptivo, destacando en contextos que requieren una perspectiva fresca.

5. El Explorador

Encarna la curiosidad y la adaptabilidad, encontrando oportunidades incluso en la incertidumbre. Un cambio imprevisto de horario podría ser recibido como una ocasión para reorganizar actividades, siendo ideal en momentos de cambio o transformación.

6. El Bufón

Utiliza el humor como herramienta para descomprimir situaciones tensas y cambiar perspectivas. En una discusión grupal acalorada, podría recurrir a una observación ingeniosa para aligerar el ambiente, mostrando utilidad en dinámicas cargadas de estrés.

7. El Protector

Vinculado al cuidado responsable y la defensa de límites saludables, responde creando espacios seguros. En una amistad donde la ayuda se vuelve excesiva, este arquetipo podría establecer límites con claridad y compasión, siendo vital en escenarios donde se busca equilibrio.

Ejemplo Práctico

Un registro completado podría lucir de la siguiente manera:

> Fecha: 15/01/2024
>
> Situación: Un compañero se atribuyó una idea mía durante una presentación.
>
> Respuesta inicial: Me enojé y quise confrontarlo en el momento.
>
> Arquetipo dominante: Guerrero (reacción defensiva y confrontacional).
>
> Arquetipos alternativos:
>
> 1. Sabio: Reflexionar sobre sus razones para actuar así.
>
> 2. Creativo: Buscar soluciones que mejoren la dinámica grupal.
>
> Posibles respuestas alternativas:

- Sabio: Hablar en privado para entender su perspectiva.

- Creativo: Proponer un sistema claro de reconocimiento de aportes en futuros trabajos.

Aprendizajes: La confrontación directa podría haber escalado el conflicto. Adoptar una perspectiva analítica o creativa habría fomentado un ambiente más constructivo.

3. La Sombra: Aceptando lo Oculto

En la célebre historia de Robert Louis Stevenson, el honorable Dr. Jekyll desata a su oscuro alter ego, Mr. Hyde, mediante un brebaje alquímico. Más allá de una cautivante ficción, este relato es un vívido reflejo de un concepto medular en la psicología junguiana: la sombra. Lejos de ser un mero rincón olvidado de nuestra psique, la sombra es una presencia viva y pulsante que se nutre de todo aquello que negamos o reprimimos en nosotros mismos. En sus arcas no solo se acumulan aspectos que consideramos negativos, sino también talentos ocultos, anhelos sofocados, facetas que desafían la imagen que tenemos de nosotros mismos. Cada "no te atrevas", cada "qué pensarán los demás" que hemos interiorizado desde nuestra infancia, se convierte en sustento para esta dimensión velada de nuestro ser.

La configuración de la sombra opera como un archivo emocional defectuoso. Un niño censurado por expresar ira no solo aprende a reprimir esa emoción, sino que encapsula en su interior la experiencia completa: el impulso inicial, la reacción de los adultos, la vergüenza que lo acompaña. Con el tiempo, estas experiencias no procesadas se agrupan en constelaciones emocionales que funcionan como subpersonalidades autónomas. Es posible que una mujer, castigada en su infancia por ser competitiva, experimente más tarde sabotajes internos en sus logros profesionales, materializados en crisis de ansiedad aparentemente inexplicables.

Detectar la actividad de la sombra se facilita a través de las proyecciones, que actúan como espejos. Cuanto más nos irrita un rasgo en los demás, más probable es que refleje algo que hemos rechazado en nosotros mismos. Un padre que pierde la paciencia ante la rebeldía de su hijo adolescente podría estar reaccionando contra su propia inconformidad reprimida, esa que tal vez aparece en sueños donde abandona responsabilidades. Las proyecciones, sin embargo, no siempre adoptan una forma negativa. La admiración intensa hacia alguien puede revelar cualidades propias no reconocidas, como sucede con quienes desarrollan un fanatismo hacia figuras carismáticas, reflejando un anhelo de poder personal no asumido.

Trascender la simple división entre lo bueno y lo malo se vuelve esencial para integrar la sombra. Una estrategia efectiva consiste en revisar las críticas que se han recibido a lo largo de la vida y buscar patrones subyacentes. Cuando diversas personas señalan una tendencia al control, detrás de ese rasgo puede encontrarse un "Protector Herido" que merece compasión, no rechazo. Otra herramienta poderosa es el uso del Tarot, que funciona como un espejo arquetípico: seleccionar una carta que provoque incomodidad y dialogar con ella permite revelar facetas reprimidas. Por ejemplo, la Torre, a menudo asociada al caos, puede reflejar un temor latente al cambio necesario.

Los sueños ofrecen un espacio privilegiado para interactuar con la sombra. Una figura recurrente en los sueños, como un vagabundo hostil, podría representar creatividad reprimida o emociones sofocadas por las convenciones sociales. Abordar estas imágenes desde una perspectiva de apertura resulta fundamental: preguntarles "¿Qué quieres darme?" en lugar de "¿Por qué me molestas?" puede transformar pesadillas en aliadas.

A nivel colectivo, la sombra opera como un depósito de todo aquello que una sociedad rechaza. En culturas donde la productividad es un valor supremo, la ociosidad se convierte en un tabú, y esto genera sombras que se expresan como adicciones al trabajo o colapsos por agotamiento. Reconocer estas dinámicas colectivas no solo ayuda a despersonalizar ciertos conflictos, sino que revela cómo los miedos internos son proyectados masivamente hacia el exterior, como sucede con la intolerancia hacia las diferencias.

Abordar el trabajo con la sombra puede estructurarse en cuatro etapas. La primera, una "cacería de proyecciones", implica registrar durante una semana los juicios intensos hacia otros y reformularlos en primera persona: "María es irresponsable" se convierte en "Yo soy irresponsable en...". En la segunda etapa, denominada "cartografía de rechazos", se elaboran dos listas: una de aquello que uno nunca sería, y otra de lo que admira profundamente. Ambas listas revelan aspectos de la sombra por explorar. La tercera fase, un "ritual de duelo", propone escribir una carta a un rasgo rechazado, reconociendo sus heridas y aportes, para luego quemarla, visualizando su transformación. Finalmente, la cuarta etapa invita a expresar creativamente un rasgo sombrío: tomar clases de baile si se reprime la frivolidad, o escribir poesía para trabajar la vulnerabilidad.

También el cuerpo participa en este proceso. Las tensiones crónicas o síntomas inexplicables pueden ser señales de aspectos reprimidos que buscan salir a la luz. Una práctica útil para conectar con estas memorias corporales consiste en acostarse en posición fetal, respirar profundamente y preguntar a las áreas tensionadas qué emoción ocultan. Las respuestas, más que palabras, suelen emerger en forma de imágenes o sensaciones.

En las relaciones íntimas, la sombra se convierte en un tercer actor que puede tanto unir como dividir. Las parejas suelen atraerse al reconocer mutuamente sombras complementarias: alguien extremadamente racional puede sentirse fascinado por una persona caótica que encarna su creatividad reprimida. Los conflictos reiterativos en la pareja, por otro lado, suelen marcar zonas donde estas sombras colisionan. Una técnica eficaz para abordar estos enfrentamientos consiste en un intercambio de roles, donde cada miembro de la pareja interpreta la proyección que el otro ha colocado sobre él, dialogando desde esa perspectiva.

Ejercicio Práctico: Diálogo con el Crítico Interior

La voz crítica interna, esa parte de nuestra sombra que juzga y cuestiona, puede ser tanto una fuerza destructiva como una fuente de crecimiento cuando se aprende a trabajar con ella conscientemente. Este ejercicio está diseñado para transformar la relación con nuestro crítico interior, convirtiendo sus intervenciones en oportunidades de autoconocimiento y desarrollo personal.

Objetivo

- Identificar y documentar los patrones específicos de autocrítica.

- Descubrir las necesidades subyacentes detrás de cada crítica.

- Transformar el diálogo interno negativo en retroalimentación constructiva.

- Desarrollar una relación más consciente con aspectos de la sombra.

El Ejercicio en Detalle

Fase 1: Cartografía de la Crítica

Crea tres columnas en tu cuaderno:

Crítica Textual | Situación Detonante | Sensación Corporal

Durante una semana, registra:

- La crítica exacta como aparece en tu mente ("Nunca terminas nada", "Siempre decepcionas a otros").
- La situación específica que la provocó.
- Dónde y cómo se siente en tu cuerpo (tensión en el pecho, nudo en el estómago).

Fase 2: Arqueología de la Crítica

Para cada crítica recurrente, explora:

1. **Primera Aparición**

    o ¿Cuándo recuerdas haber escuchado esta crítica por primera vez?

    o ¿De quién proviene originalmente?

    o ¿Qué edad tenías cuando se internalizó?

2. **Función Protectora**

    o ¿De qué intenta protegerte esta crítica?

    o ¿Qué miedo o vulnerabilidad subyace bajo ella?

    o ¿Qué crees que pasaría si no tuvieras esta voz crítica?

Fase 3: Transformación del Diálogo

Utiliza la siguiente plantilla para cada crítica principal:

Crítica Original:

[Escribe la crítica tal como aparece]

Necesidad Subyacente:

[¿Qué necesidad legítima está intentando expresar esta crítica?]

Reformulación Constructiva:

[¿Cómo podría expresarse esta preocupación de manera útil?]

Plan de Acción:

[¿Qué pasos concretos puedo dar para abordar esta preocupación?]

Ejemplo Desarrollado

Crítica Original:

"Nunca vas a lograr nada importante en la vida"

Necesidad Subyacente:

- Deseo de crecimiento y desarrollo personal.

- Miedo a desperdiciar el potencial.

- Necesidad de reconocimiento y validación.

Reformulación Constructiva:

"Tienes aspiraciones importantes y capacidad para lograrlas. ¿Qué pequeños pasos puedes dar hoy hacia tus metas?"

Plan de Acción:

1. Identificar un objetivo específico para los próximos 3 meses.

2. Dividirlo en pasos semanales verificables.

3. Celebrar los pequeños avances.

4. Mantener un registro de logros pasados para momentos de duda.

Fase 4: Diálogo Estructurado

Cuando la crítica aparezca, utiliza estas preguntas:

1. **Validación**
    - "Entiendo que estás preocupado/a por..."

- "Tu intención es ayudarme a..."

2. **Cuestionamiento**
    - "¿Es esto completamente cierto?"
    - "¿Qué evidencia tengo a favor y en contra?"
    - "¿Cómo vería esta situación un amigo compasivo?"

3. **Exploración**
    - "¿Qué necesito en este momento?"
    - "¿Qué acción constructiva puedo tomar?"

Patrones Comunes del Crítico Interior y sus Transformaciones

1. **El Perfeccionista**
    - **Crítica típica:** "Nada de lo que haces es suficientemente bueno."
    - **Necesidad real:** Excelencia y mejora continua.
    - **Transformación:** "¿Cómo puedo mejorar mientras reconozco mis logros actuales?"

2. **El Comparador**

- **Crítica típica:** "Los demás siempre lo hacen mejor que tú."
- **Necesidad real:** Motivación y crecimiento.
- **Transformación:** "¿Qué puedo aprender de otros mientras valoro mi propio camino?"

3. **El Catastrofista**
   - **Crítica típica:** "Todo va a salir mal."
   - **Necesidad real:** Preparación y prudencia.
   - **Transformación:** "¿Cómo puedo prepararme constructivamente?"

4. **El Invalidador**
   - **Crítica típica:** "Tus sentimientos no son importantes."
   - **Necesidad real:** Protección emocional.
   - **Transformación:** "¿Cómo puedo honrar mis emociones mientras mantengo el equilibrio?"

Seguimiento y Evaluación

Después de un mes de práctica, evalúa:

- ¿Qué patrones has identificado?
- ¿Qué críticas han disminuido en intensidad?
- ¿Qué nuevas respuestas has desarrollado?
- ¿Qué situaciones siguen siendo desafiantes?

Consideraciones Importantes

1. **Resistencia** Es normal encontrar resistencia al hacer este ejercicio. La voz crítica puede intensificarse inicialmente cuando comenzamos a trabajar con ella. Esto es una señal de que estamos tocando aspectos importantes de la sombra.

2. **Compasión** El objetivo no es eliminar al crítico interior, sino transformar su rol de juez en el de un consejero sabio. Esto requiere paciencia y autocompasión.

3. **Consistencia** La transformación del diálogo interno es un proceso gradual. La práctica consistente, aunque sea en pequeños momentos diarios, es más efectiva que sesiones intensivas esporádicas.

Este ejercicio no solo ayuda a manejar la autocrítica, sino que también proporciona una vía de acceso constructiva a aspectos de la sombra que buscan integración. A través de este diálogo consciente, las energías críticas pueden transformarse en aliadas para nuestro desarrollo personal.

4. El Viaje del Héroe: Un Camino de Transformación

Joseph Campbell, en su obra seminal "El héroe de las mil caras"[1], describió un patrón narrativo recurrente en mitos de todo el mundo: el viaje del héroe. Pero este no es un simple motivo literario; para Carl Jung, este viaje encapsula un proceso psicológico profundo que todos enfrentamos en momentos de crisis y transformación. Cada decisión crucial en nuestras vidas---cambiar de empleo, poner fin a una relación, enfrentar una enfermedad---contiene en germen las doce etapas de este mapa arquetípico. Un adolescente que abandona el hogar recrea la partida de Ulises, del mismo modo que un ejecutivo que renuncia para abrir una panadería repite el gesto de Buda dejando el palacio.

La llamada a la aventura no suele llegar con fanfarrias ni señales dramáticas. Aparece como una incomodidad persistente en la rutina, sueños recurrentes de caída al vacío o síntomas físicos

---

[1] "El héroe de las mil caras" (1949) es un libro influyente de Joseph Campbell que explora el monomito, un patrón narrativo universal en mitos y relatos épicos, donde el héroe emprende un viaje de transformación y crecimiento.

que escapan a diagnósticos convencionales. Un profesor de matemáticas que comienza a temblar al escribir en la pizarra podría estar recibiendo señales de su héroe interior: su cuerpo demanda dar espacio a una faceta artística enterrada bajo años de ecuaciones. Ignorar esta llamada no detiene el proceso; lo desplaza hacia manifestaciones más intensas, como depresiones, accidentes "fortuitos" o enfermedades psicosomáticas.

Cruzar el primer umbral exige enfrentarse a guardianes que encarnan los miedos interiorizados. Un músico que posterga su primer concierto no enfrenta solo al público, sino también a una serie de voces internas: el padre que desestimó su talento, el maestro que lo llamó mediocre, el amigo exitoso que activa sus inseguridades. Estos guardianes no desaparecen por sí solos, pero pueden transformarse. Un ritual simbólico —como escribir sus críticas en papeles y luego quemarlos, visualizando esa energía convertida en fuerza creativa— ayuda a debilitarlos y avanzar.

El mentor, en este camino, no siempre toma forma humana. Para una madre soltera que regresa a los estudios, el mentor podría manifestarse en los rituales cotidianos: madrugar para estudiar mientras calienta el biberón, convertir cada pequeño logro en un símbolo de avance. Aprobar un examen o lograr una noche completa de descanso actúan como regalos del guía arquetípico, reforzando su capacidad de crecer mientras cría. Los verdaderos mentores no entregan soluciones, sino que enseñan a pescarlas en medio de la incertidumbre.

Las pruebas centrales del viaje activan ecos de la infancia. Un empresario que atraviesa la quiebra revive, inconscientemente, el temor de perderlo todo que sintió cuando su familia perdió su hogar. En esos momentos, la sala de juntas se transforma en aquel pasillo oscuro donde escuchaba discusiones de adultos. La superación de la prueba requiere reescribir este guion interno: en lugar de paralizarse como entonces, ahora puede usar su experiencia para renegociar su situación. Este fenómeno explica por qué las crisis profundas suelen reactivar memorias arcaicas; el inconsciente busca patrones antiguos que ahora pueden resolverse con los recursos actuales.

La aproximación a la cueva oculta representa el clímax emocional, un momento en el que se concentran las sombras: dudas, miedos y autosabotajes emergen con intensidad. Un político que busca la presidencia podría enfrentarse a fantasmas de corrupción o a la incertidumbre sobre su capacidad para liderar. Prepararse para este encuentro implica construir un "escudo arquetípico": visualizar figuras inspiradoras —como Mandela o Gandhi— cuyas cualidades puedan servir temporalmente de armadura psicológica.

El contexto contemporáneo introduce pruebas que los mitos antiguos no anticiparon. La tentación constante de los "likes" en redes sociales funciona como el canto de las sirenas, ofreciendo validación instantánea mientras desvía del propósito auténtico. El héroe moderno debe aprender a equilibrar la aprobación externa con la fidelidad a su voz interior, construyendo un código ético más resistente que cualquier algoritmo.

El retorno con el elixir no es un final feliz definitivo. Una sobreviviente de cáncer que alcanza la remisión lleva consigo un regalo único: la vulnerabilidad radical. Su sola presencia puede inspirar a otros, recordando que fragilidad y fortaleza no son opuestas, sino complementarias. El verdadero desafío, sin embargo, es integrar ese elixir en la vida cotidiana. Ante la vuelta de la rutina, pequeños rituales ayudan a mantener la sabiduría ganada: tocar cada mañana la cicatriz quirúrgica podría recordarle su capacidad de renacer.

Para trabajar conscientemente este proceso, se puede crear un Mapa del Héroe Personal. Identificar la llamada actual es el primer paso, anotando tres situaciones que generan incomodidad persistente y eligiendo aquella que despierte mayor intensidad emocional, positiva o negativa. El siguiente paso consiste en dibujar una espiral dividida en siete segmentos, cada uno representando una etapa del camino: umbral cruzado, guardianes enfrentados, mentores encontrados, prueba central, regalo obtenido, sombra integrada y elixir compartido. Completar el mapa permite visualizar el avance, mientras que un ritual de consagración —crear un objeto simbólico como una piedra pintada o una medalla que represente cada etapa— puede servir como recordatorio durante los desafíos.

5. Anima y Ánimus: Integrando lo Masculino y Femenino

En la antigua China, el símbolo del yin y yang representaba la interacción armoniosa de los principios femenino y masculino. De manera similar, los conceptos junguianos de ánima y ánimus nos invitan a explorar la danza de estas energías dentro de nuestra propia psique. Lejos de reducirse a roles de género, estas fuerzas arquetípicas son puentes entre la consciencia y el inconsciente que, al ser integradas, nos permiten acceder a un espectro completo de respuestas emocionales y recursos psicológicos.

En el hombre, el ánima representa lo femenino interno; en la mujer, el ánimus encarna lo masculino interno. Más allá de buscar una androginia idealizada, integrar estas fuerzas implica abrirse a un espectro completo de respuestas emocionales y psicológicas, enriqueciendo la capacidad de afrontar los retos de la vida con mayor profundidad y flexibilidad.

Estas energías arquetípicas evolucionan a través de diferentes estadios que reflejan niveles de madurez psicológica. En el caso del ánima masculina, la progresión va desde _Eva_, que encarna los impulsos biológicos y la conexión instintiva, hasta _Sofía_, la personificación de la sabiduría que integra opuestos. Por su parte, el ánimus femenino transita desde la _fuerza bruta_, una manifestación de poder sin dirección, hasta la _hermenéutica_, que simboliza la capacidad de interpretar y transmitir significados profundos. Este desarrollo, sin embargo, no sigue un camino lineal. Un hombre racional puede proyectar su ánima en una figura idealizada, como una asistente que encarne gracia y sensibilidad, mientras ignora el cultivo de su propia empatía. De igual modo, una mujer podría anclarse en una etapa de su ánimus, confundiendo la asertividad con la agresión y perdiendo de vista su capacidad de diálogo.

Las relaciones son un terreno fértil para observar cómo operan estas proyecciones. Un hombre cuya ánima se encuentra en la etapa de _María_, lo femenino sagrado, tenderá a buscar parejas que representen abnegación, mientras reprime en sí mismo la capacidad de cuidado. Una mujer con un ánimus en fase de _portador de la palabra_ idealizará figuras intelectuales, mientras desvaloriza su propia voz crítica. Estas dinámicas pueden desactivarse mediante un ejercicio de _desidentificación proyectiva_, que consiste en identificar cualidades que se admiran o detestan en la pareja, luego imaginar esas cualidades como parte de uno mismo y observar las resistencias que surgen en el cuerpo.

Los sueños se convierten en una herramienta poderosa para dialogar con el ánima y el ánimus. Figuras oníricas del sexo opuesto que provocan temor o incomodidad suelen indicar que estos arquetipos están desintegrados o en conflicto. Una técnica eficaz para trabajar con estas imágenes consiste en dibujarlas al despertar, escribir un monólogo desde su perspectiva y preguntarles cuál es su función dentro de la psique. Estas prácticas pueden revelar tensiones internas y desbloquear recursos emocionales reprimidos.

En la cultura contemporánea, los estereotipos dificultan la integración de estas energías arquetípicas. El hombre emocionalmente disponible es ridiculizado como débil, mientras que la mujer asertiva es catalogada como "mandona" o agresiva. Superar estas etiquetas requiere gestos simbólicos que reconecten con estas dimensiones internas: un hombre puede explorar su ánima al cuidar un jardín, mientras una mujer podría trabajar con su ánimus aprendiendo habilidades técnicas como la mecánica. Estas acciones no buscan invertir roles tradicionales, sino liberar potencialidades que trascienden los límites impuestos por la cultura.

La verdadera integración se logra cuando ánima y ánimus dejan de proyectarse en otros y se convierten en herramientas internas. Un líder puede activar su ánimus para tomar decisiones estratégicas difíciles y luego recurrir a su ánima para comunicar esas decisiones con empatía. Una madre puede, por el contrario, empezar con la sensibilidad de su ánima para consolar a un hijo, pero necesitará de su ánimus para establecer límites claros. Esta capacidad de movilizar ambas energías, según lo requiera la situación, es el signo de una psique integrada.

La neurociencia aporta una corroboración fascinante a esta visión. Estudios de resonancia magnética muestran que personas con una alta integración de ánima y ánimus presentan una conectividad más sólida entre la amígdala, centro de las emociones, y la corteza prefrontal, responsable de la planificación y el razonamiento. No se trata de "ser más masculino" o "más femenino", sino de desarrollar un sistema neuronal equilibrado que permita respuestas completas y adaptativas frente a los desafíos de la vida.

Un ejercicio práctico para fomentar esta integración consiste en llevar dos diarios paralelos durante una semana. En uno se registran las decisiones tomadas desde el arquetipo dominante (por ejemplo, lógica para los hombres o empatía para las mujeres). En el otro, se anotan cómo se habrían enfrentado las mismas situaciones desde el arquetipo opuesto. Al final, ambos enfoques se sintetizan en una perspectiva que combine lo mejor de ambos mundos. Este proceso no elimina las diferencias inherentes entre las energías masculina y femenina, sino que las convierte en una fuerza consciente y accesible.

Jung sostenía que "quien mira afuera, sueña; quien mira adentro, despierta". Este despertar implica reconocer que la integración del ánima y el ánimus no es solo un ideal psicológico, sino un camino hacia la totalidad que reside en cada individuo. La plenitud no se encuentra en negar lo que parece opuesto, sino en aceptar que ambos principios son esenciales para navegar las complejidades de la existencia humana.

6. Los Cuatro Elementos Emocionales

Desde tiempos inmemoriales, diversas culturas han venerado los cuatro elementos -fuego, tierra, aire y agua- como esencia y sostén de la creación. Hoy, estos mismos principios encuentran una resonancia asombrosa en el ámbito de nuestras emociones. Cada elemento tiene su contraparte afectiva: el fuego de la pasión, la solidez de la tierra, la levedad del aire, la fluidez del agua. Aprender a discernir y armonizar estas energías en nuestro mundo interior se convierte en un camino que nos lleva a una mayor inteligencia emocional y a una capacidad más desarrollada para autorregularnos.

Las crisis emocionales de la vida moderna encarnan esta fase de manera tangible. Pérdidas laborales, rupturas afectivas o la sombra de la depresión desnudan nuestra fragilidad, mostrando las grietas en las que el ego se desmorona. Identidades construidas sobre narrativas como "soy exitoso" o "soy amado" se tambalean ante la impermanencia. La paradoja aparece en este punto: cuanto más nos resistimos al caos, mayor se vuelve el sufrimiento. La enseñanza radica en aceptar el desorden, habitándolo como una parte inevitable del proceso de cambio.

Etiquetar estas experiencias como patologías se ha convertido en una tendencia contemporánea. Bajo esta perspectiva, el dolor se trata como un trastorno que debe eliminarse rápidamente, ya sea con medicamentos o con optimismo superficial. Sin embargo, la nigredo no es una desviación, sino un proceso natural, semejante al invierno que detiene el crecimiento en la superficie mientras las raíces trabajan en lo profundo. Sueños que revelan cementerios, túneles oscuros o criaturas subterráneas no son señales de retroceso, sino expresiones de un trabajo interno en marcha, preparando el terreno para lo que vendrá.

Para transitar esta etapa conscientemente, es posible recurrir a herramientas que conecten lo emocional con lo simbólico. Una de ellas es la "geología emocional", que invita a observar las señales del cuerpo durante la crisis. Sensaciones como presión en el pecho o temblores en las manos pueden traducirse en metáforas geológicas: un nudo podría ser magma contenido, un temblor como una falla tectónica. Este ejercicio permite dar significado al caos interno y explorar las emociones de un modo creativo.

Dibujar los sueños recurrentes constituye otro enfoque valioso. Al despertar, plasmar esas imágenes sobre papel y luego cubrirlas con tonalidades oscuras puede revelar figuras inesperadas, como paisajes o animales. Estas manifestaciones son interpretaciones simbólicas del inconsciente, guías para orientarse en la penumbra. A esto se suma el uso de objetos físicos, como una piedra volcánica, para canalizar pensamientos. Escribir desde la perspectiva de la roca podría producir mensajes reveladores, por ejemplo: "Soy lava solidificada; guardo el calor de un fuego antiguo. ¿Qué en ti necesita ser transformado?".

La percepción del tiempo sufre una distorsión significativa durante esta fase. En lugar de la linealidad habitual, emerge un tiempo cíclico, semejante al de las estaciones o los procesos de duelo. Alguien que revive el dolor de una pérdida cada aniversario no está atrapado en el pasado; más bien, está explorando capas más profundas de su experiencia. Registrar estos ciclos como estaciones internas puede transformar el sufrimiento en un viaje de autodescubrimiento, otorgando sentido al retorno de emociones antiguas.

El simbolismo del cuervo, figura asociada con la muerte y la transformación, aporta una valiosa lección. Este ave, que recicla lo muerto para dar lugar a nueva vida, encarna el poder regenerador de la nigredo. Imaginar un cuervo posado sobre el hombro, picoteando pensamientos obsesivos, puede ser una práctica simbólica transformadora. A medida que el cuervo se lleva estos restos mentales, se abre un espacio para la renovación.

Creer que la oscuridad no tiene fin es uno de los mayores peligros de esta etapa. Sin embargo, incluso en los momentos más sombríos, pueden encontrarse destellos de luz. Una mujer, enfrentando la desintegración de su matrimonio, decidió recolectar fragmentos de cerámica rota. Con ellos, creó un mosaico en su jardín, donde cada pieza representaba una herida, pero el conjunto formaba un mandala de transformación. Este acto no buscaba eliminar el dolor, sino integrarlo en algo significativo, una verdadera alquimia emocional.

Ejercicio Práctico: Mapa de Temperaturas Emocionales

Este ejercicio está diseñado para ayudarte a reconocer y mapear la manifestación física y energética de tus emociones, relacionándolas con los cuatro elementos alquímicos: fuego, tierra, agua y aire. A través de un registro sistemático, aprenderás a identificar patrones emocionales y su expresión corporal, desarrollando una comprensión más profunda de tu paisaje emocional.

Objetivo

- Establecer conexiones entre emociones específicas y sensaciones físicas

- Identificar los patrones elementales en tus respuestas emocionales

- Desarrollar un vocabulario corporal-emocional personalizado

- Anticipar y regular estados emocionales a través del reconocimiento temprano

El Registro Elemental

Componente Fuego

- Características: Calor, expansión, movimiento ascendente, intensidad

- Sensaciones típicas: Acaloramiento, palpitaciones, tensión muscular, energía ascendente

- Emociones asociadas: Ira, pasión, entusiasmo, determinación

- Ejemplo: Cuando discutes apasionadamente una idea que te importa, podrías sentir calor en el pecho y rostro

Componente Tierra

- Características: Peso, estabilidad, densidad, enraizamiento

- Sensaciones típicas: Pesadez en extremidades, sensación de gravedad, tensión en mandíbula

- Emociones asociadas: Preocupación, responsabilidad, seguridad, terquedad

- Ejemplo: Ante un examen importante, podrías sentir peso en los hombros y piernas pesadas

Componente Agua

- Características: Fluidez, profundidad, movimiento ondulante

- Sensaciones típicas: Oleadas de sensación, nudo en la garganta, lágrimas

- Emociones asociadas: Tristeza, compasión, nostalgia, serenidad

- Ejemplo: Al recordar un momento conmovedor, podrías sentir oleadas de emoción en el pecho

Componente Aire

- Características: Ligereza, movimiento, expansión, volatilidad

- Sensaciones típicas: Respiración alterada, ligereza en el pecho, hormigueo

- Emociones asociadas: Ansiedad, inspiración, alegría, inquietud

- Ejemplo: Ante una buena noticia inesperada, podrías sentir ligereza y cosquilleo en el estómago

Método de Registro

Crea una tabla diaria con las siguientes columnas:

Hora | Emoción | Intensidad (1-10) | Elemento Dominante | Sensaciones Físicas | Localización en el Cuerpo | Temperatura | Movimiento

Ejemplo de Registro:

9:15 AM | Frustración | 7 | Fuego | Tensión, calor | Mandíbula y puños | Caliente | Ascendente

2:30 PM | Melancolía | 5 | Agua | Pesadez, oleadas | Pecho y garganta | Frío | Ondulante

| 6:00 PM | Ansiedad | 8 | Aire | Vacío, temblor | Estómago | Variable | Disperso |

Mapa Corporal Diario

1. Dibuja un contorno simple del cuerpo humano al final de cada día

2. Usa diferentes colores para cada elemento:

- Rojo: Fuego

- Marrón: Tierra

- Azul: Agua

- Amarillo: Aire

3. Marca las zonas donde experimentaste sensaciones, usando el color correspondiente al elemento

4. Añade símbolos para representar:

- ↑ Movimiento ascendente

- ↓ Movimiento descendente

- ⊙ Estancamiento

- ≈ Ondulación

- ⊗ Tensión

- ○ Expansión

Análisis Semanal

Al final de la semana, revisa tus registros para identificar:

1. Patrones Elementales:

- ¿Qué elemento predomina en tus experiencias?

- ¿Hay elementos subrepresentados?

- ¿Existen combinaciones recurrentes?

2. Patrones Temporales:

- ¿Hay momentos del día asociados con elementos específicos?

- ¿Qué situaciones tienden a activar cada elemento?

3. Patrones Corporales:

- ¿Qué zonas del cuerpo son más receptivas a cada elemento?

- ¿Hay áreas que tienden a acumular tensión?

Preguntas de Reflexión Diaria

1. Aspecto Físico:

- ¿Dónde inicio la sensación en mi cuerpo?

- ¿Cómo se movió o transformó?

- ¿Qué temperatura predominó?

2. Aspecto Energético:

- ¿La energía fue expansiva o contractiva?

- ¿El movimiento fue rápido o lento?

- ¿Hubo cambios en mi respiración?

3. Aspecto Elemental:

- ¿Qué cualidades elementales reconozco?

- ¿Hubo una mezcla de elementos?

- ¿Cómo evolucionó la expresión elemental?

Aplicación Práctica

Una vez identificados los patrones, desarrolla estrategias de regulación basadas en los elementos:

- Fuego excesivo: Técnicas de enfriamiento (respiración profunda, visualización de agua)

- Tierra estancada: Movimiento consciente, estiramiento

- Agua desbordada: Contención física (autoabrazo), enraizamiento

- Aire disperso: Prácticas de enraizamiento, contacto con objetos sólidos

7. La Albedo: Purificación y Renacimiento

En la simbología alquímica, el cisne blanco y la luna llena encarnan la fase de la albedo: un estado de purificación y renovación. Pero esta blancura no es una pureza estéril, sino una luminosidad dinámica que emerge tras la oscuridad de la nigredo. En términos psicológicos, la albedo marca el momento en que comenzamos a destilar sabiduría de nuestras crisis emocionales, dando lugar a una nueva claridad y sentido de propósito.

Este proceso demanda un cambio radical en nuestra relación con el dolor. Si en la nigredo la sombra nos envuelve, aquí aprendemos a extraer significado de la experiencia. Un despido laboral traumático, por ejemplo, no encuentra resolución en "superar" el duelo, sino en discernir qué partes de esa identidad eran auténticas y cuáles solo máscaras prestadas. Un ejercicio que puede ayudar en esta tarea es el Inventario de Espejos: identificar cinco roles sociales que formaban parte de la autoimagen antes de la crisis, luego verbalizar frente a un espejo: "Esto soy yo sin [rol]", y observar las reacciones corporales. Esa náusea, ese calor en el pecho o esa risa nerviosa se convierten en indicadores de lo genuino frente a lo impuesto.

La purificación en esta etapa no busca erradicar impurezas, sino permitir que las emociones se reconfiguren. Es un proceso fluido, como el de las moléculas de agua que tras hervir se reorganizan. Un sobreviviente de un accidente cardiovascular describió su recuperación como un aprendizaje para "fluir en vez de forzar". Abandonó el rigor de medir cada paso de su rutina diaria y comenzó a notar cómo la luz de la mañana jugaba entre las hojas, distinta cada día. Este cambio no requiere grandes actos, sino pequeños momentos de atención consciente, como sostener un vaso de agua entre las manos y observar cómo el líquido oscila con el pulso, imaginando que los pensamientos sedimentan, dejando el agua clara.

Los sueños en esta etapa tienden a mostrar motivos de limpieza, paisajes nevados o animales blancos. Una mujer que enfrentaba un divorcio soñaba con lavar sábanas en un río helado. Más que interpretar su sueño de manera literal, trabajó con el símbolo mediante arcilla blanca, modelando texturas inspiradas en el agua y el hielo. Luego enterró las figuras en su jardín durante el equinoccio de primavera, simbolizando que la purificación requiere un tiempo propio, un ciclo estacional.

La luna, símbolo central de esta etapa, es una guía de regeneración. Su ciclo enseña que la claridad no es un destino final, sino un movimiento continuo. Mantener un Diario Lunar puede ayudar a sincronizarse con este ritmo. Durante 28 días, registrar la fase visible de la luna, una emoción predominante y cualquier objeto blanco que haya captado la atención permite revelar patrones. Quizá las crisis coincidan con lunas nuevas o la creatividad florezca en cuartos crecientes, revelando cómo la psique responde a estos ritmos.

La albedo fomenta una vigilancia relajada. Como los antiguos alquimistas, que supervisaban pacientemente el fuego de sus hornos sin intervenir de más, este estado enseña a confiar en los procesos naturales de la psique. La Meditación del Alambique es un ejercicio útil: imaginar la mente como un recipiente de vidrio sobre una llama azul, donde los pensamientos se evaporan, se condensan y gotean en un frasco. Los residuos que quedan no son errores, sino nutrientes para futuros procesos.

8. La Rubedo: La Realización del Ser

En la alquimia, la rubedo marca el momento culminante, donde los opuestos dejan de ser enemigos y se convierten en colaboradores. No es un estado de perfección rígida, sino la capacidad de moverse con fluidez entre contrastes: razón e intuición, sombra y luz, individualidad y comunidad. Es aquí donde la conciencia abandona la lucha por eliminar contradicciones y, en su lugar, aprende a entretejerlas en un todo coherente. Pensemos en un ejecutivo que, tras años de obsesión por la productividad, redescubre el ocio creativo sin culpa, integrando su ambición con el disfrute. Este no renuncia a los logros materiales, pero los reinterpreta como vehículos de un propósito más profundo.

La rubedo no se manifiesta únicamente en momentos extraordinarios, sino en actos cotidianos que reflejan una integración auténtica. El jardinero que, al podar sus rosales, encuentra en cada corte una metáfora de su propio proceso de desprendimiento, o la madre que, en lugar de reprender a su hijo adolescente, comparte anécdotas de su juventud rebelde, ilustran esta alquimia práctica. Estos gestos, aparentemente simples, son evidencia de una psique que ha destilado su experiencia en sabiduría útil y tangible.

Un error habitual es concebir la rubedo como ausencia de conflicto. En realidad, esta etapa no elimina tensiones; las modula. Tal como un chef ajusta picante y dulce para que ambos sabores se enriquezcan mutuamente, quien vive la rubedo navega emociones intensas sin identificarse por completo con ellas. Un ejercicio revelador consiste en registrar, durante una semana, momentos donde emociones opuestas convivan, como la alegría de un ascenso laboral combinada con la tristeza por dedicar menos tiempo a la familia. Observar cómo estas emociones interactúan sin anularse puede ofrecer claves para encontrar equilibrio en lo aparentemente contradictorio.

La individuación[2], concepto central de Jung, alcanza su máxima expresión en esta etapa. No como un objetivo final, sino como una práctica

---

[2] La individuación es un concepto central en la psicología junguiana que se refiere al proceso de desarrollo psicológico donde se integran los diversos aspectos de la personalidad para alcanzar la autorrealización y la totalidad psíquica.

constante de autenticidad. Un ejemplo claro es el de quien, al integrar aspectos inconscientes de su psique —como el ánima o el ánimus—, deja de buscar relaciones que compensen carencias internas y comienza a cultivar vínculos desde un lugar de plenitud. Esta integración no implica un final estático, sino un continuo descubrimiento de cómo cada decisión, desde la elección de una carrera hasta los pasatiempos, refleja y moldea el ser en transformación.

En esta fase, la creatividad deja de ser exclusivamente artística y se convierte en una herramienta para reconfigurar narrativas personales. Un método efectivo para ello es el "diálogo arquetípico". Escribir una carta desde el rol predominante en la autoimagen (como "el perfeccionista") y luego responderla desde su opuesto complementario ("el creador caótico") permite desatar patrones rígidos y encontrar nuevas respuestas frente a los desafíos. Este ejercicio desbloquea perspectivas limitantes y fomenta una mayor flexibilidad mental.

Para sostener el equilibrio de esta etapa, resulta esencial cultivar rituales que reconecten con la transformación diaria. Una práctica útil es el "examen alquímico nocturno", que consiste en dibujar un triángulo al final de cada día, asignando un vértice a tres preguntas clave: ¿Qué emoción cruda (metal bruto) surgió hoy? ¿Qué acción o reflexión aplicaste para trabajarla? ¿Qué aprendizaje (oro simbólico) obtuviste? Este ejercicio fomenta la capacidad de descubrir patrones transformativos en lo aparentemente trivial.

En el ámbito social, la rubedo se traduce en liderazgos capaces de equilibrar firmeza y empatía. Un director escolar que implementa horarios estrictos pero destina espacios para aulas sensoriales que calmen la sobreestimulación de algunos estudiantes encarna este balance. Aquí no se trata de mezclar opuestos diluyéndolos, sino de permitir que cada cualidad brille en el momento adecuado. Una herramienta práctica para tomar decisiones complejas es el "termómetro de polaridades": evaluar en una escala del 1 al 10 cuánto pesan factores como lógica e intuición o acción y paciencia, identificando puntos medios donde puedan coexistir productivamente.

Los sueños en esta fase suelen simbolizar uniones sagradas, como matrimonios alquímicos, niños híbridos o figuras que combinan elementos opuestos. Un paciente soñó repetidamente con un árbol cuyas raíces eran cadenas y sus hojas, mariposas. Al explorar esta imagen mediante dibujo progresivo, transformando las cadenas en raíces floridas, descubrió que sus heridas de abandono infantil habían generado una resiliencia que ahora ponía al servicio de otros.

El mayor riesgo de la rubedo es caer en la ilusión de haber "terminado". Periódicamente, es vital exponerse a situaciones que desafícn la autoimagen lograda, un ejercicio que puede llamarse la "prueba del espejo cóncavo". Esto puede implicar que expertos asistan a talleres de principiantes o que líderes tomen roles subordinados. Tales experiencias previenen el estancamiento en máscaras de perfección y recuerdan que cada logro lleva implícito el germen de nuevos retos.

9. Arquetipos en Relaciones: El Amor y el Conflicto

Afrodita y Ares, Eros y Psique, Penélope y Odiseo: los mitos están repletos de parejas arquetípicas cuyas historias de amor y conflicto reflejan patrones universales de la psique. Estas narrativas no son meros cuentos antiguos, sino espejos simbólicos de las dinámicas que se despliegan en nuestras propias relaciones. Al explorar los arquetipos que operan detrás de nuestras interacciones, podemos comprender mejor los motivos profundos de nuestras elecciones y transformar los ciclos de conflicto en oportunidades de crecimiento mutuo.

Lo que suele iniciar este encuentro es el arquetipo del Amante, encargado de proyectar en el otro la ilusión de sentirse completo. Sin embargo, la fase de idealización tiene un final inevitable, revelando patrones emocionales más profundos. Una mujer que continuamente se vincula con parejas emocionalmente distantes podría estar reinterpretando el mito de Perséfone y Hades, donde su herida de abandono se perpetúa en relaciones que no sanan, sino que reafirman esa carencia. La solución no radica en sustituir a la pareja, sino en identificar qué arquetipo interno —

como la Niña Abandonada— está moldeando sus elecciones.

Dentro de las relaciones, los conflictos cotidianos son, en realidad, reflejos de batallas arquetípicas internas. Una disputa trivial sobre quién debe lavar los platos puede esconder la lucha simbólica entre el Guardián del Hogar, obsesionado con el control, y el Explorador, defensor de la libertad. Más que centrarse en el desacuerdo externo, visualizar el conflicto como un enfrentamiento entre figuras míticas —un dragón protegiendo su tesoro frente a un caballero que lo desafía— puede facilitar el acceso a las verdaderas necesidades en juego. Escribir un diálogo entre estas figuras ayuda a despersonalizar el conflicto y abre espacio a nuevas comprensiones.

Las influencias parentales, por su parte, actúan como hilos invisibles en las elecciones románticas. Un hombre criado por una madre sobreprotectora podría verse inclinado a buscar parejas que repliquen ese patrón, buscando en ellas el mismo cuidado asfixiante. Escenificar estas dinámicas mediante ejercicios como esculturas familiares —usando objetos para simbolizar a los miembros del sistema familiar—

permite descubrir cómo estos guiones inconscientes moldean las relaciones actuales. Reconocer estas influencias es el primer paso para liberarse de ellas y aprender a construir una verdadera autonomía emocional.

Las expectativas alimentadas por el arquetipo de la pareja perfecta, promovidas por la cultura, suelen chocar con las realidades de una relación. Un ejercicio revelador consiste en que cada miembro de la pareja liste las cualidades ideales de su "alma gemela". Al comparar estas listas, es común descubrir que reflejan aspectos de la sombra personal. Quien exige seguridad financiera total podría estar proyectando su miedo a la irresponsabilidad; quien busca pasión perpetua, quizás huye de la monotonía. Trabajar sobre estas proyecciones mediante ejercicios simbólicos, como escribir cartas a esas cualidades idealizadas y leerlas frente a un espejo, puede aliviar la presión sobre la pareja real.

Ante crisis como la infidelidad, los arquetipos defensivos tienden a dominar. Es común que emerjan el Juez, buscando castigo; la Víctima, atrapada en el dolor; o el Mártir, que utiliza el sufrimiento para ejercer control. Para romper estos ciclos, el juego de las máscaras ofrece una alternativa transformadora: cada persona asume conscientemente un arquetipo distinto al habitual. Quien se siente ofendido puede explorar el rol del Mago, buscando soluciones creativas, mientras que el ofensor adopta el papel del Cuidador, escuchando sin defenderse. Este cambio de perspectiva interrumpe patrones reactivos y amplía el espectro emocional del vínculo.

La verdadera transformación ocurre cuando las parejas abandonan los roles complementarios disfuncionales —como Salvador-Víctima o Padre-Niña— y deciden crear nuevos mitos compartidos. Un ejemplo notable es el de dos socios que, tras años de rivalidad, rediseñaron su relación adoptando el arquetipo de los Dioses Gemelos. Cada uno estableció su independencia, pero celebraron rituales comunes —como cenas temáticas o proyectos conjuntos— para honrar su alianza desde un lugar renovado.

Entender los arquetipos que operan en la relación también puede lograrse mediante herramientas prácticas como el mapa relacional. Este consiste en dividir un círculo en áreas clave, como sexualidad, finanzas o crianza, e identificar qué arquetipos predominan en cada ámbito.

Resulta revelador observar si el Tirano domina las decisiones económicas o si el Puer Aeternus evade las responsabilidades parentales, permitiendo ajustar estas energías de manera más consciente.

En el contexto actual, además, han surgido arquetipos propios de la era digital. Figuras como el Fantasma, que solo existe a través de mensajes; el Curador de Heridas Ajenas, que usa aplicaciones de citas como plataformas de salvación; o el Coleccionista de Experiencias, que trata a las personas como logros, son máscaras que reflejan las nuevas complejidades del amor contemporáneo.

10. El Loco (Inocente): Cultivando la Esperanza

El arquetipo del Inocente, o el Loco en algunas tradiciones, encarna una fuerza primordial que, lejos de reducirse a ingenuidad, canaliza la percepción pura para descubrir posibilidades donde otros solo ven obstáculos. Según Jung, este arquetipo marca el inicio del viaje heroico, simbolizando la capacidad de abordar lo desconocido con una mirada fresca. No se trata de escapar de la realidad, sino de una elección consciente por mantener el asombro frente a la complejidad de la existencia. En las culturas antiguas, esta figura aparecía como el neófito que cruza abismos sin guías, confiando en que el camino emergerá en el andar. En un contexto actual, se ve reflejado en el científico que no pierde la curiosidad pese a múltiples fracasos, o en el activista que persevera a pesar de constantes derrotas.

Lo que diferencia la inocencia activa de la mera ingenuidad es su capacidad para integrar la oscuridad sin negarla. Mientras la ingenuidad evita el sufrimiento, la inocencia consciente elige enfocar su energía en las semillas de luz. Un método eficaz para nutrir esta perspectiva es llevar un diario de micro-milagros: registrar durante cuarenta días tres eventos diarios que inspiren asombro, como el movimiento sincronizado de aves o el crecimiento de una planta entre el cemento. Al concluir el ejercicio, reflexionar sobre los patrones revela cómo entrenar la percepción para descubrir belleza incluso en lo cotidiano. Esta práctica no solo enriquece la atención, sino que convierte el acto de observar en una fuente de esperanza activa.

La resiliencia que caracteriza al Inocente puede fortalecerse a través de rituales simbólicos. Una técnica reveladora es la ceremonia del primer contacto, que consiste en explorar un objeto cotidiano —una fruta, una piedra— como si se experimentara por primera vez. Sentir su textura con los ojos cerrados, olerlo detenidamente, incluso escuchar los sonidos que produce al manipularlo, permite disolver capas de cinismo acumuladas con los años. Este ejercicio enseña que la novedad no reside en el mundo externo, sino en nuestra disposición a percibirlo de manera renovada.

El diálogo interno entre el Inocente y su opuesto, el Cínico, define gran parte de nuestras decisiones cotidianas. Para hacer visible esta interacción, el juego de las sillas vocales ofrece un enfoque práctico: sentarse en dos posiciones opuestas, encarnando en una al Cínico que desacredita cualquier esfuerzo ("Es inútil", "Nada cambiará") y en la otra al Inocente que responde con curiosidad y apertura ("¿Y si esta vez es distinto?", "Imagina lo que podríamos lograr"). Este ejercicio no solo clarifica la tensión interna, sino que permite observar cómo cada perspectiva afecta el cuerpo, desde la postura hasta la respiración.

En los cuentos tradicionales, este arquetipo está codificado en historias que preservan su esencia. El relato de La princesa y el guisante ilustra la capacidad de mantener la sensibilidad incluso en medio de una sobreestimulación, como lo hace la protagonista al percibir una pequeña legumbre bajo múltiples colchones. Un experimento inspirado en este cuento consiste en reducir estímulos gradualmente, como comer sin distracciones digitales o bajar el volumen de dispositivos, para recuperar la percepción de matices sutiles. La esperanza se revela más accesible cuando abandonamos los excesos que embotan nuestros sentidos.

En el plano físico, la energía del Inocente puede reactivarse mediante prácticas corporales. La respiración diafragmática completa, que inflama el abdomen como lo hace un niño al respirar, es un medio para restablecer la confianza en los ritmos naturales del cuerpo. Colocar un libro sobre el vientre mientras se permanece acostado y observar su ascenso y descenso durante diez minutos parece un gesto mínimo, pero este ejercicio reconecta con los ciclos vitales, esenciales para reconstruir una fe instintiva en el fluir de la vida.

Sin embargo, la sombra de este arquetipo no es el pesimismo, sino una falsa positividad que se refugia en negaciones disfrazadas de optimismo. Frases como "Todo pasa por algo" pueden bloquear el crecimiento al evitar confrontar el conflicto. Para diferenciar la esperanza auténtica de su versión tóxica, el cuestionario de esperanza crítica sugiere reflexionar: ¿Esta creencia me motiva a actuar o me estanca? ¿Reconoce el dolor propio y ajeno o lo minimiza? ¿Fortalece mi conexión con los demás o me aísla en una burbuja de falsa armonía?

En lo colectivo, el Inocente reaparece en movimientos que desafían estructuras rígidas para imaginar nuevas formas de vida. Ejemplos de ello son cooperativas que reimaginan la economía o pedagogías que convierten las aulas en espacios de descubrimiento constante. Estas iniciativas no son utopías ingenuas, sino expresiones maduras del principio alquímico Solve et Coagula: disolver lo que ya no sirve para reorganizar lo esencial de formas innovadoras y funcionales.

11. El Guerrero: Enfrentando Desafíos

La fuerza interior que encarna el Guerrero transforma el miedo en acción consciente. Su virtud radica en integrar las propias vulnerabilidades dentro de un marco ético sólido que no tambalea ante la adversidad. En el pensamiento de Jung, esta energía esencial se vincula al proceso de individuación, donde la verdadera lucha no se libra contra enemigos externos, sino contra las resistencias internas que dificultan el desarrollo personal. Tradiciones como el bushido japonés capturan este equilibrio: el bushi, maestro tanto de la espada como de la pluma, entendía que la excelencia en el combate debía complementarse con la búsqueda de la compasión y el conocimiento de sí mismo. Este arquetipo moderno se refleja en quienes transforman su indignación en proyectos de cambio o en quienes reconstruyen sus vidas tras la adversidad, manteniendo una sensibilidad intacta hacia los demás.

Más que una rigidez inflexible, la disciplina del Guerrero se manifiesta en una estrategia adaptable. Un ejercicio útil para entrenar esta mentalidad es el análisis de campos de fuerza.

Consiste en colocar un desafío en el centro de un círculo, flanqueado por dos listas: de un lado, las fuerzas que impulsan hacia la solución (valores personales, recursos internos, apoyos); del otro, las que limitan el avance (temores, barreras prácticas, juicios internos). Este método no busca erradicar los obstáculos, sino desplegar los recursos disponibles para neutralizarlos o convertirlos en oportunidades. Con práctica, esta herramienta enseña a operar con precisión incluso en circunstancias complicadas.

Reconectarse con el propósito no es un lujo, sino una necesidad para el Guerrero. Crear un "kit de anclaje" físico puede ser una práctica poderosa en este sentido. Una caja que contenga objetos representativos de logros pasados —una carta significativa, una fotografía evocadora, un símbolo de una victoria superada— actúa como un recordatorio tangible de las propias capacidades. Ante un nuevo reto, elegir al azar uno de estos elementos y reflexionar sobre qué cualidad de esa experiencia se puede activar ahora evita caer en la amnesia emocional que a menudo acompaña los momentos difíciles.

El aprendizaje en el camino del Guerrero no se detiene, y una habilidad clave es la escucha combativa. Este enfoque permite convertir incluso las críticas en oportunidades de mejora. En una conversación desafiante, es útil llevar un cuaderno dividido en tres columnas: "Hechos", "Interpretaciones" y "Regalos Ocultos". Los datos objetivos se registran en la primera columna, las suposiciones personales en la segunda, y en la tercera se exploran las posibles oportunidades de crecimiento que esconden las objeciones. Este método transforma las tensiones en momentos de autodescubrimiento.

A través de los mitos nórdicos se revela la esencia del sacrificio estratégico. Tyr, al entregar su mano para someter al lobo Fenris, enseña que la valentía genuina implica aceptar pérdidas calculadas para alcanzar un propósito mayor. Inspirado en este relato, el ejercicio de las tres renuncias propone identificar tres comodidades actuales —la aprobación social, rutinas familiares o una zona de confort— y analizar qué posibilidades están bloqueando. Con esta reflexión, se diseña un ritual simbólico de despedida, como escribir una carta de agradecimiento y quemarla o regalar un objeto que represente ese apego. Practicar este tipo de renuncia refuerza la capacidad de soltar lo que limita el avance.

No es raro que la sombra del Guerrero aparezca en forma de agresividad o autoexigencia excesiva. Detectarla requiere un examen honesto que el test del espejo en la armadura facilita. Tras tomar una decisión significativa, conviene preguntarse: ¿Actué para evitar parecer débil? ¿Utilizo mis logros como escudo ante la vulnerabilidad? Estas preguntas, respondidas con sinceridad, desenmascaran si las motivaciones internas fortalecen al verdadero yo o lo sofocan bajo el peso de expectativas externas.

El cuerpo del Guerrero necesita estar en sintonía con su espíritu, y prácticas como el qigong del equilibrio marcial ayudan a lograr esta conexión. Con los pies separados al ancho de los hombros y las rodillas ligeramente flexionadas, alternar el peso entre ambas piernas mientras se visualiza un universo en cada mano integra respiración, intención y presencia. Este movimiento sencillo refuerza la idea de que la estabilidad no proviene de la rigidez, sino de la flexibilidad consciente.

En las tradiciones chamánicas, la fuerza del Guerrero se encapsula en el canto de guerra personal, una frase o sonido que concentra el propósito vital. Durante una caminata reflexiva, formular preguntas como: ¿Qué valores defiendo con mi vida? ¿Qué virtud deseo personificar? Las respuestas se condensan en un lema breve, como "Firmeza en la calma", que funciona como una guía en momentos de caos. Este mantra, sencillo pero poderoso, mantiene el enfoque y la claridad ante la incertidumbre.

Ejercicio Práctico: Conoce y Maneja tus Niveles Emocionales

Imagina tus emociones como un termómetro. Así como la temperatura puede subir gradualmente, tus emociones también tienen diferentes niveles de intensidad. Este ejercicio te ayudará a reconocer cuándo estás "calentándote" emocionalmente y qué hacer en cada nivel antes de "hervir".

Primera Parte: Crea tu Escala Personal

Piensa en la última vez que te enojaste mucho. Ahora, vamos a descomponer ese camino desde la calma hasta el enojo máximo en 5 niveles:

Nivel 1 - Todo Tranquilo

- ¿Cómo respiras cuando estás tranquilo?

- ¿Cómo se siente tu cuerpo?

- ¿Qué tipo de pensamientos tienes?

- ¿Cómo actúas normalmente?

Nivel 2 - Algo Está Empezando

- ¿Qué cambia primero en tu cuerpo? (quizás tus hombros se tensan)

- ¿Qué pensamientos comienzan a aparecer?

- ¿Qué pequeños cambios notas en tu comportamiento?

Nivel 3 - La Cosa Se Está Calentando

- ¿Qué sensaciones físicas son más fuertes?

- ¿Cómo cambia tu voz?

- ¿Qué tipos de pensamientos se repiten?

- ¿Qué empiezas a hacer diferente?

Nivel 4 - Zona de Peligro

- ¿Qué señales te dicen que estás por perder el control?

- ¿Cómo cambia tu forma de hablar?

- ¿Qué comportamientos aparecen?

Nivel 5 - Explosión

- ¿Cómo se siente tu cuerpo en plena explosión emocional?

- ¿Qué haces típicamente en este estado?

- ¿Qué consecuencias suelen ocurrir?

Segunda Parte: Tu Plan de Acción

Ahora, para cada nivel, vamos a crear un plan simple de qué hacer:

Para Nivel 2:

Ejemplo práctico:

- Respira profundo tres veces

- Toma agua

- Date un momento a solas si puedes

Para Nivel 3:

Ejemplo práctico:

- Di en voz alta "necesito un momento"

- Sal a caminar 5 minutos

- Escucha una canción que te calme

Para Nivel 4:

Ejemplo práctico:

- Llama a tu persona de confianza

- Aléjate de la situación

- Haz ejercicio físico

Ponlo en Práctica

Durante una semana, lleva un registro simple:

> Fecha:
>
> ¿Qué pasó?
>
> ¿A qué nivel llegué?
>
> ¿Qué hice?
>
> ¿Funcionó?

por ejemplo:

> Fecha: Lunes 15
>
> ¿Qué pasó? Mi hermano tomó mi celular sin permiso
>
> Nivel: Llegué a 3
>
> ¿Qué hice? Salí a caminar 5 minutos
>
> ¿Funcionó? Sí, pude hablar con él más tranquilo después

Consejos Prácticos

- No te juzgues: esto es un aprendizaje

- Comienza a actuar desde el Nivel 2, no esperes a estar muy alterado

- Comparte tu escala con personas de confianza

- Ajusta tu plan según lo que funcione para ti

- Celebra cuando logres manejar bien una situación

¿Cómo Sabes que Está Funcionando?

- Reconoces más rápido cuando te estás alterando

- Puedes calmarte antes de llegar a niveles altos

- Tienes menos "explosiones" emocionales

- Te recuperas más rápido después de momentos difíciles

- Tus relaciones mejoran porque manejas mejor los conflictos

12. El Sabio: La Sabiduría Emocional

El arquetipo del Sabio representa mucho más que la acumulación de conocimientos. Es una figura que encarna la capacidad de integrar la razón y la intuición, de discernir patrones profundos en el caos emocional y de sostener con destreza las paradojas inherentes a la experiencia humana. En la psicología junguiana, este arquetipo no se limita a la erudición académica, sino que actúa como un radar interno que detecta conexiones invisibles en las relaciones, los conflictos y las decisiones diarias. Por ejemplo, un líder que decide retrasar una decisión estratégica basándose no en cifras, sino en la percepción de tensiones culturales, demuestra esta sabiduría emocional en acción. Su maestría radica en aceptar la complejidad del ser humano como un sistema vivo, sin caer en simplificaciones fáciles.

En las tradiciones chamánicas, el Sabio suele representarse con un espejo y una antorcha, símbolos de la autoobservación compasiva y de la iluminación de patrones ocultos. Inspirándose en esta imagen, una práctica efectiva es el "diálogo con el doble sabio". Ante un conflicto emocional, se imagina una versión futura de uno mismo que ha superado el problema. Luego, se escribe desde esa perspectiva, explorando cómo este "doble" analizaría la situación y qué recursos movilizaría. Al comparar esta visión con las reacciones iniciales, se pueden identificar diferencias significativas que iluminan nuevas estrategias para afrontar la situación. Este método permite romper con patrones reactivos y acceder a una sabiduría más serena y deliberada.

Enriquece este enfoque lo que los sufíes denominaban "el ojo del corazón", una forma de percepción que combina datos sensoriales, memoria corporal y arquetipos inconscientes. Un médico experimentado, por ejemplo, no solo diagnostica con base en los síntomas visibles, sino también en su capacidad para relacionar factores emocionales como el estrés laboral con dolencias físicas como las migrañas. Para desarrollar esta visión holística, se puede practicar el "ritual de las tres miradas". Primero, una mirada microscópica que analiza los componentes fisiológicos, cognitivos y conductuales de una emoción dominante. Luego, una mirada telescópica que rastrea las raíces de esa emoción en experiencias pasadas. Finalmente, una mirada panorámica que sitúa la emoción dentro de un marco cultural o arquetípico. Este enfoque tridimensional permite abordar las emociones sin reducirlas a una sola causa o perspectiva.

El Sabio también ejemplifica la ecuanimidad, un estado que los estoicos llamaban apatheia: la capacidad de mantener la serenidad frente a lo incontrolable. Un ejercicio eficaz para desarrollar esta cualidad es el "experimento del observador planetario". Este consiste en visualizar la Tierra desde el espacio, contemplando simultáneamente las tragedias, los avances, los nacimientos y los conflictos que ocurren en ella. A partir de esta perspectiva amplia, se puede reflexionar sobre el propio conflicto emocional como un microcosmos de dinámicas más amplias. Preguntarse qué aprendizaje ofrece el desafío actual para la evolución personal abre la puerta a una comprensión más profunda y a un sentido renovado de propósito.

Otra herramienta clave del Sabio es el arte de formular preguntas que expandan la conciencia en lugar de buscar respuestas inmediatas. En lugar de preguntarse "¿Por qué me ocurre esto?", es más productivo cuestionar "¿Qué parte de mí necesita atención en esta situación?" o "¿Cómo puedo relacionarme con esta experiencia de manera que me fortalezca?". Crear un "banco de preguntas sabias" puede ser un ejercicio transformador.

13. El Bufón: La Alegría como Sanación

¿Puede una carcajada curar un corazón roto? El arquetipo del Bufón, también conocido como el Loco Sagrado, responde con un rotundo «¡Sí!». Esta figura, presente en culturas de todo el mundo, desde los payasos hopi hasta los juglares medievales, encarna el poder transformador de la risa y la espontaneidad. Más allá de ser una mera distracción frívola, el humor que este arquetipo promueve es una herramienta de sanación profunda que nos permite trascender el dolor, romper patrones rígidos y recuperar la alegría de vivir. Su función no es meramente lúdica, sino profundamente transformadora: utiliza la comedia como vehículo para sanar heridas emocionales y cuestionar estructuras rígidas, tanto internas como externas.

En las dinámicas de la inteligencia emocional, el bufón nos recuerda la importancia de mantenernos livianos, de no dejarnos atrapar por la solemnidad excesiva ni por las cargas del día a día. Reír ante la adversidad no es un acto trivial; es una manifestación de resiliencia emocional. El humor permite tomar distancia de situaciones complejas y ofrece nuevas perspectivas. Al reír, el cuerpo libera endorfinas, regula el estrés al reducir el cortisol y activa mecanismos de relajación que revitalizan tanto el cuerpo como la mente.

Aplicar el arquetipo del bufón en la vida cotidiana implica técnicas prácticas como la "reinterpretación cómica". Esta consiste en encontrar lo absurdo o irónico en situaciones que, de otro modo, serían estresantes. Si nos hallamos en un embotellamiento, podemos imaginar que competimos en un concurso de paciencia o que es una invitación cósmica para disfrutar más de nuestra música favorita. Aunque tales reinterpretaciones no alteran la realidad, sí transforman nuestra percepción, convirtiéndola en algo más llevadero.

Otro recurso útil es el "juego de roles humorístico", que nos invita a enfrentar desafíos desde la perspectiva de un personaje cómico. Por ejemplo, al prepararnos para una presentación laboral que nos causa nerviosismo, podemos imaginar cómo lo abordaría un comediante famoso. Tal visualización libera nuestra creatividad y nos permite conectarnos con recursos internos que podrían no estar disponibles en un estado de tensión habitual.

La esencia del bufón radica en su habilidad para subvertir las expectativas y señalar lo que, a simple vista, pasa desapercibido. Este cambio de perspectiva resulta crucial en la resolución de problemas emocionales. Situaciones que percibimos como crisis pueden contener, en realidad, oportunidades latentes. Un rechazo amoroso, por ejemplo, puede resignificarse como la liberación de un vínculo inadecuado. Imaginar con humor los hábitos irritantes de una ex pareja o ver la situación como una oportunidad para explorar nuestras necesidades reales en una relación es un ejercicio que nos conduce al crecimiento personal y a la autocompasión.

El humor, no obstante, tiene fronteras. Es esencial distinguir entre un humor constructivo, que fomenta empatía y fortalece relaciones, y uno destructivo, que se basa en la burla y la humillación. El primero incluye la capacidad de reírnos de nuestras propias imperfecciones, promoviendo un ambiente de aceptación y conexión. Por ejemplo, compartir con los colegas un error embarazoso en el trabajo de manera ligera puede generar camaradería. En contraste, el humor dañino erosiona vínculos y puede agudizar heridas emocionales. Ser conscientes de esta diferencia es clave para integrar al bufón de manera saludable en nuestras interacciones.

A lo largo de la historia literaria, el bufón ha tomado múltiples formas. Desde el gracioso en las obras de Shakespeare hasta figuras como Sancho Panza en "Don Quijote", estas representaciones subrayan el poder del humor para unir lo fantástico con lo cotidiano. Sancho, con su ingenio sencillo, aterriza a Don Quijote de sus sueños grandiosos mientras aprende a ver el mundo a través de los ojos idealistas de su amo. Este equilibrio entre fantasía y realidad refleja la capacidad del bufón para enseñarnos a navegar con flexibilidad entre ambos extremos.

Las actividades lúdicas también tienen un lugar destacado en el repertorio del bufón. Herramientas creativas como la improvisación teatral, el dibujo humorístico o la escritura de historias cómicas pueden ayudarnos a procesar emociones complejas. Dibujar una caricatura de nosotros mismos enojados, exagerando rasgos cómicos como humo saliendo de nuestras orejas, no solo facilita un distanciamiento emocional, sino que transforma sentimientos intensos en algo manejable y accesible.

El equilibrio entre ligereza y seriedad constituye un pilar de la inteligencia emocional. Si bien es necesario abordar algunos aspectos de la vida con gravedad, también lo es reservar espacio para la risa. Dedicarse diariamente a un momento de comedia, ya sea viendo un video humorístico o escuchando un podcast ligero, puede aliviar tensiones acumuladas y renovar nuestras energías emocionales.

Otra dimensión importante del bufón es su capacidad para desafiar al ego. A través de la autoironía a manera de saber reírnos de nosotros mismos, nos anima a enfrentar nuestros miedos y defectos de manera compasiva, desmontando nuestras pretensiones con una sonrisa. Si somos perfeccionistas, imaginar una versión exagerada de nosotros mismos como robots obsesionados que colapsan al cometer un error nos ayuda a suavizar la presión autoimpuesta y a aceptar nuestra humanidad.

El arquetipo del bufón, además, encarna la alquimia emocional: la habilidad de transformar experiencias dolorosas en fuentes de aprendizaje y alegría. Este proceso no exige negar el dolor, sino enfrentarlo con curiosidad y, cuando sea posible, con humor. En un duelo, el bufón podría sugerirnos recordar momentos divertidos del ser querido perdido, hallando consuelo en la risa compartida y fortaleciendo la conexión emocional con quienes también lo extrañan.

14. El Protector: Creando Espacios Seguros

Según la teoría del apego de John Bowlby, la presencia de un cuidador sensible y receptivo en la infancia es crucial para el desarrollo de un sentido de seguridad emocional. Este rol, a nivel arquetípico, corresponde a la energía del Protector: una fuerza interna que nos permite crear y mantener entornos físicos y emocionales donde podemos crecer, sanar y prosperar. Cultivar este arquetipo no solo beneficia nuestro bienestar individual, sino que también nos capacita para ofrecer apoyo y cobijo a otros en momentos de vulnerabilidad.

Una empatía profunda, un instinto de responsabilidad inquebrantable y la habilidad de identificar las necesidades de seguridad son los rasgos fundamentales que caracterizan a esta figura. Estas cualidades se expresan mediante gestos de cuidado y actos que afianzan los límites necesarios para preservar la integridad emocional. En su dimensión interna, el protector se traduce en una voz que orienta hacia elecciones conscientes, evitando riesgos innecesarios y favoreciendo comportamientos que fortalecen la estabilidad emocional. Este guía interno, al ser reconocido y cultivado, se convierte en una pieza clave para desarrollar la resiliencia y una inteligencia emocional sólida.

Establecer límites en las relaciones humanas constituye una de las expresiones más relevantes de esta energía protectora. Tales límites funcionan como fronteras psicológicas que, al delimitar los espacios propios y ajenos, aseguran interacciones respetuosas y equilibradas. El protector otorga claridad y firmeza para comunicar nuestras necesidades, marcando distancias cuando es necesario y preservando la autonomía emocional frente a dinámicas perjudiciales. Estas habilidades permiten construir relaciones donde el respeto mutuo es el cimiento.

En el ámbito de la crianza y la educación, el arquetipo del protector se revela en la capacidad de crear entornos seguros, donde los niños encuentran el apoyo necesario para desarrollarse plenamente. Aquí, la protección no se limita a un ámbito físico; se extiende a lo emocional, estableciendo un marco de límites claros y consistentes. Los cuidadores actúan como modelos que enseñan, a través de su ejemplo, el valor del respeto propio y la importancia del autocuidado, sentando las bases para que las nuevas generaciones crezcan en confianza y fortaleza emocional.

Para fortalecer este instinto protector, diversas prácticas resultan útiles. La atención plena ayuda a sintonizar con las necesidades propias y de los demás, mientras que técnicas como la visualización guiada permiten imaginar y conectar con un protector interno compasivo y sabio. Las afirmaciones positivas, por su parte, contribuyen a consolidar la percepción de nuestra valía y el derecho a la seguridad, potenciando así la energía protectora que reside en nuestra psique.

Sin embargo, el ejercicio de esta fuerza protectora requiere equilibrio. Una sobreprotección excesiva puede resultar tan perjudicial como la ausencia de límites, al restringir la autonomía y frenar el aprendizaje derivado de experiencias desafiantes. La verdadera sabiduría del protector reside en encontrar el justo medio, evaluando cuidadosamente los riesgos y beneficios de cada situación para permitir un crecimiento seguro, pero libre.

Las culturas y mitologías ofrecen numerosas representaciones del arquetipo del protector, proporcionando imágenes poderosas que podemos integrar en nuestra experiencia. Atenea, en la mitología griega, simboliza la protección estratégica y la sabiduría práctica, mientras que Ganesha, en la tradición hindú, actúa como un guardián que elimina obstáculos. Estos ejemplos ilustran cómo el protector puede adoptar formas diversas, pero siempre orientadas hacia la protección y el bienestar.

La capacidad del protector interno para sanar heridas del pasado constituye una de sus facetas más transformadoras. Al conectar con esta energía, se abre un espacio para cuidar y ofrecer compasión a las partes más vulnerables de nuestra historia, reparando daños y construyendo una autoestima sólida. Este proceso no solo implica reconocer el dolor, sino también establecer límites con aquello que nos ha herido y promover un diálogo interno basado en el respeto y la autoaceptación.

En el ámbito profesional, la presencia del protector cobra relevancia en la creación de espacios laborales donde las personas se sientan valoradas y seguras. Líderes que encarnan este arquetipo abogan por condiciones de trabajo que prioricen el bienestar emocional, implementando políticas inclusivas y fomentando una cultura de apoyo mutuo. Este tipo de liderazgo no solo refuerza la confianza dentro del entorno laboral, sino que también impulsa la creatividad y el compromiso de los trabajadores.

15. El Explorador: La Búsqueda del Autoconocimiento

«La verdadera aventura no consiste en explorar nuevas tierras, sino en tener nuevos ojos», afirmaba Marcel Proust[3]. Esta cita captura la esencia del arquetipo del Explorador, una fuerza psíquica que nos impulsa a adentrarnos en los territorios desconocidos de nuestra propia psique. Más que una mera curiosidad superficial, este impulso representa una búsqueda profunda de autoconocimiento y autenticidad. Al abrazar la incertidumbre y desafiar nuestras creencias limitantes, el Explorador nos guía hacia el descubrimiento de nuestro verdadero potencial.

Movido por una inquietud que trasciende el contexto inmediato, quien encarna al Explorador desarrolla una actitud de cuestionamiento constante. Esta disposición implica desafiar no solo el entorno externo, sino también las estructuras internas que guían las decisiones y las

---

[3] Marcel Proust (1871-1922), escritor francés, es conocido por su obra maestra "En busca del tiempo perdido", una exploración profunda de la memoria, el tiempo y la identidad personal.

percepciones. Tal apertura mental, que podría ser comparada con el concepto budista de "mente de principiante", permite abandonar prejuicios y abordar lo desconocido con un espíritu renovado.

La confrontación con aspectos internos olvidados o reprimidos constituye un rasgo distintivo de este arquetipo. No siempre es una experiencia cómoda, ya que implica explorar dimensiones personales que desafían las nociones que se tienen sobre uno mismo. No obstante, es en ese acto de enfrentarse a lo que se ha evitado donde radica la autenticidad del Explorador. La transformación no proviene de la evasión, sino de la disposición a conocer lo que ha permanecido en la sombra.

En la activación de esta fuerza psíquica pueden observarse ciertos indicios reveladores. Sueños repetitivos sobre exploraciones o cambios, una insatisfacción creciente con las circunstancias habituales o el surgimiento de una atracción por ideas o conceptos no familiares son algunas de las señales comunes. Es fundamental distinguir estos impulsos de un simple afán de distracción, pues reflejan una necesidad profunda de ampliar la perspectiva y reorganizar el significado personal de la experiencia.

Desempeñar este papel requiere el desarrollo de habilidades específicas que faciliten el proceso de introspección. La capacidad de mantener una atención serena y sostenida resulta esencial. Al observar sin juicio los movimientos internos, se descubren patrones y tendencias que, de otro modo, permanecerían ocultos. Este nivel de observación permite al Explorador avanzar con mayor claridad y profundidad en su proceso de autoconocimiento.

Entre las prácticas recomendadas para fortalecer esta dimensión se encuentra la cartografía psíquica, que implica registrar y analizar las emociones y pensamientos experimentados en un periodo de tiempo definido. Este ejercicio ayuda a identificar patrones recurrentes y áreas que merecen mayor atención. Un complemento útil es el uso de un diario para registrar observaciones cotidianas sobre el comportamiento y las creencias, así como preguntas que surgen y que quedan abiertas para futuras reflexiones.

Otra práctica valiosa consiste en la visualización guiada, en la que se exploran imágenes simbólicas que emergen espontáneamente al contemplar el estado interno.

El ejercicio no tiene como objetivo interpretar dichas imágenes de inmediato, sino observarlas con detenimiento para identificar posibles conexiones con aspectos no reconocidos de la psique.

Para que este proceso resulte constructivo, es necesario integrar los hallazgos obtenidos en la vida cotidiana. Sin esta integración, el acto de explorar puede degenerar en una búsqueda interminable y desconectada de las realidades concretas. Un equilibrio entre la reflexión y la aplicación práctica asegura que los descubrimientos tengan un impacto significativo y transformador.

La relación del Explorador con el tiempo se configura de una manera peculiar. En lugar de percibir los eventos de manera lineal, considera que ciertos aspectos de su experiencia requieren ser revisitados en distintos momentos de la vida, cada vez con un entendimiento más amplio. Esta perspectiva reconoce que el crecimiento personal no es un proceso recto, sino una serie de movimientos continuos hacia una mayor claridad y coherencia.

En esta labor, también resulta útil identificar límites personales que condicionan las decisiones y actitudes. Al aproximarse deliberadamente a esas fronteras, se activan respuestas internas que pueden iluminar aspectos clave sobre las razones detrás de ciertas resistencias o temores.

16. La Sincronicidad: Conexiones Significativas

Una tarde, mientras Carl Jung atendía a una paciente cuyo tratamiento parecía estancado, un ruido interrumpió su sesión: un insecto golpeaba contra la ventana, intentando salir. Jung abrió la ventana y vio que era un escarabajo dorado, un tipo poco común en esa región. La paciente, asombrada, le contó que la noche anterior había soñado con un escarabajo similar. A partir de ese momento, su terapia dio un giro positivo. Este famoso caso ilustra el fenómeno de la sincronicidad: una conexión significativa entre eventos internos y externos que desafía las nociones convencionales de causalidad.

Lo que diferencia a la sincronicidad de una mera coincidencia es el profundo significado personal que lleva consigo. Una coincidencia puede sorprendernos por su improbabilidad, pero carece de resonancia psicológica. Por el contrario, una sincronicidad provoca en quien la experimenta una sensación única de reconocimiento, como si el evento estuviera diseñado para iluminar su camino en momentos de búsqueda o transformación. Estos episodios no solo tienen sentido, sino que parecen responder a nuestras inquietudes más profundas.

Las sincronicidades suelen surgir en momentos críticos, como si fueran señales que aparecen justo cuando más las necesitamos. En una encrucijada vital, por ejemplo, alguien puede encontrar una serie de encuentros, palabras o imágenes que resuenan con una decisión pendiente. Más que casualidades, estas experiencias parecen guiar, confirmando o desafiando nuestra dirección, y sugieren la existencia de un principio universal de ordenamiento que no depende de la lógica lineal de causa y efecto. En su lugar, operan a través de conexiones significativas, demostrando que la psique y la materia están entrelazadas en un nivel profundo que trasciende las limitaciones del tiempo y el espacio.

Ejercicio Práctico: Registro de Sincronicidades

La sincronicidad no se trata de buscar significado en cada coincidencia, sino de identificar aquellos momentos que resuenan profundamente con nuestro estado interno. Este ejercicio te ayudará a desarrollar una sensibilidad hacia estas conexiones significativas y a descubrir patrones que podrían estar guiando tu desarrollo personal.

Objetivo

- Desarrollar atención a las coincidencias significativas

- Identificar patrones en tu experiencia vital

- Reconocer posibles mensajes o revelaciones del inconsciente

- Distinguir entre coincidencias casuales y sincronicidades genuinas

El Ejercicio

Durante 30 días, lleva un registro detallado usando el siguiente formato:

Parte 1: Registro Diario

Anota cualquier coincidencia que te llame la atención, respondiendo:

1. ¿Qué sucedió exactamente? (Sé específico)

- Evento externo

- Hora y lugar

- Personas involucradas

- Tu reacción inmediata

2. ¿Qué estabas pensando o sintiendo justo antes?

- Preocupaciones actuales

- Decisiones pendientes

- Estado emocional

3. ¿Por qué te pareció significativo?

- Conexión personal

- Timing particular

- Sensación de relevancia

Parte 2: Análisis Semanal

Cada 7 días, revisa tus registros considerando:

- Temas recurrentes

- Situaciones similares

- Emociones predominantes

- Posibles mensajes o revelaciones

Ejemplo Práctico

Fecha: 15/01/2024

> Evento:
>
> Mientras dudaba sobre cambiar de carrera, encontré un libro sobre el tema
>
> que buscaba, olvidado en un café. Justo trataba sobre personas que
>
> cambiaron exitosamente de profesión.
>
> Estado interno previo:
>
> - Ansiedad sobre mi futuro profesional
>
> - Dudas sobre si estaba tomando la decisión correcta

- Necesidad de una señal o guía

¿Por qué fue significativo?:

- El libro apareció exactamente cuando necesitaba orientación

- Contenía historias muy similares a mi situación

- Me dio perspectivas que no había considerado

Reflexión:

Esta coincidencia me ayudó a ver que mis dudas son normales y que otros

han navegado exitosamente cambios similares.

Patrones a Observar

1. Repeticiones

- Números específicos que aparecen frecuentemente

- Personas que mencionan el mismo tema sin conexión entre ellas

- Situaciones que parecen "repetirse"

2. Timing

- Encuentros "casuales" que resuelven una necesidad

- Información que aparece justo cuando la necesitabas

- Conexiones inesperadas que abren nuevas posibilidades

3. Resonancia Personal

- Eventos que parecen "responder" a tus preguntas internas

- Situaciones que reflejan tus preocupaciones actuales

- Coincidencias que te producen una fuerte reacción emocional

Preguntas para Profundizar

Al final de cada semana, pregúntate:

1. ¿Qué temas o patrones noto en las sincronicidades registradas?

2. ¿Qué áreas de mi vida aparecen más frecuentemente?

3. ¿Hay mensajes o sensaciones intuitivas recurrentes?

4. ¿Cómo se relacionan estas sincronicidades con mis decisiones o dilemas actuales?

Cómo Distinguir Sincronicidades Significativas

Una sincronicidad genuina usualmente:

- Provoca una respuesta emocional fuerte

- Se conecta claramente con tu estado interno

- Aparece en un momento significativo

- Ofrece una perspectiva o revelación valiosa

- No puede explicarse fácilmente por casualidad

Consejos para la Práctica

1. Mantén el registro cerca

- Usa una libreta pequeña o una app en el teléfono

- Anota las coincidencias tan pronto como ocurran

- Incluye todos los detalles que te parezcan relevantes

2. Sé específico

- Evita interpretaciones vagas

- Anota hechos concretos

- Describe tus emociones con precisión

3. Mantén una mente abierta

- No fuerces significados

- Permite que los patrones emerjan naturalmente

- Estate dispuesto a revisar tus interpretaciones

4. Revisa regularmente

- Dedica tiempo cada semana a revisar tus registros

- Busca conexiones entre diferentes eventos

- Nota cómo evolucionan los patrones con el tiempo

Resultados Esperados

Con la práctica consistente, podrás:

- Desarrollar mayor sensibilidad a las sincronicidades significativas

- Reconocer patrones en tu experiencia vital

- Tomar decisiones más intuitivas y conscientes

- Fortalecer tu conexión con tu guía interior

- Distinguir mejor entre coincidencias casuales y sincronicidades significativas

17. Los Sueños como Guías Emocionales

«Los sueños son cartas de navegación para el alma», escribió el poeta James Hillman[4]. Esta metáfora evoca la visión junguiana de los sueños como mensajes vitales del inconsciente, cargados de símbolos y emociones que pueden orientarnos en nuestro viaje interno. Lejos de considerarse meros residuos aleatorios de la actividad mental diurna, los sueños nos ofrecen una ventana única a las profundidades de nuestra psique, revelando conflictos no resueltos, recursos ocultos y caminos hacia una mayor integridad emocional. A través de ellos, la psique establece un puente entre nuestra mente consciente y los vastos territorios internos que escapan a la lógica racional, ofreciendo visiones y soluciones que de otro modo permanecerían ocultas.

El lenguaje de los sueños es eminentemente simbólico. Las imágenes y narrativas que los componen no deben interpretarse de manera

---

[4] James Hillman (1926-2011) fue un psicólogo analítico estadounidense, conocido por su enfoque imaginativo y su desarrollo de la psicología arquetipal, que explora la dimensión poética y mitológica de la psique.

literal, sino como metáforas que reflejan nuestros procesos internos. Por ejemplo, soñar con una casa podría no aludir a una construcción física, sino a la totalidad de nuestra psique. Las habitaciones, en este caso, representarían aspectos diversos de nuestra personalidad, algunos abiertos y luminosos, otros cerrados y oscuros. Este simbolismo responde a la forma de comunicación del inconsciente, que utiliza imágenes y emociones en lugar de palabras y razonamientos.

Trabajar con los sueños requiere una práctica sistemática que permita capturarlos antes de que se desvanezcan al despertar. Un diario de sueños es una herramienta indispensable: al tenerlo junto a la cama, se puede anotar cualquier fragmento recordado inmediatamente al despertar, sin preocuparse inicialmente por su coherencia o sentido. Este hábito no solo mejora la capacidad para recordar los sueños, sino que también ayuda a identificar patrones y temas recurrentes que ofrecen pistas valiosas sobre nuestro estado interno.

La interpretación junguiana de los sueños difiere radicalmente del enfoque freudiano. Mientras que Freud los concebía como expresiones de deseos reprimidos, Jung los veía como expresiones de una sabiduría intrínseca en la psique, orientada a guiarnos hacia la totalidad psicológica. Los sueños cumplen funciones diversas: compensan actitudes unilaterales de la consciencia, advierten sobre desequilibrios, aportan soluciones creativas o señalan caminos de desarrollo personal. En momentos de crisis o transición, es común que los sueños se vuelvan más vívidos y significativos, presentando símbolos de transformación como mariposas, serpientes o procesos de muerte y renacimiento.

Los sueños recurrentes merecen especial atención. Su repetición señala conflictos no resueltos o aspectos de nuestra vida que demandan atención consciente. Por ejemplo, soñar reiteradamente con llegar tarde a un examen podría reflejar una ansiedad subyacente relacionada con el cumplimiento de expectativas, ya sean personales o sociales. Estos sueños persistirán hasta que el mensaje sea reconocido e integrado en nuestra vida cotidiana.

Herramientas para Explorar los Sueños

El trabajo profundo con los sueños requiere técnicas que faciliten su comprensión y su integración práctica. Una de las herramientas más valiosas es la amplificación, que consiste en explorar los múltiples significados de los símbolos oníricos desde perspectivas personales, culturales y arquetípicas. Por ejemplo, soñar con un árbol podría evocarnos experiencias personales específicas, como recuerdos de la infancia bajo su sombra, pero también conectar con significados universales, como el árbol de la vida en mitologías ancestrales.

Otra técnica poderosa es la dramatización de sueños, que consiste en revivirlos en estado de vigilia mediante el diálogo con sus personajes, la recreación artística de las escenas o incluso la representación física de sus elementos. Este enfoque nos permite interactuar con el contenido onírico de manera directa y visceral, integrando sus mensajes de forma más completa.

Los sueños lúcidos, donde uno se reconoce como soñador durante el sueño, abren una dimensión única de interacción consciente con el inconsciente. En este estado, es posible dialogar con los símbolos, resolver conflictos internos o explorar potencialidades latentes. Sin embargo, es crucial mantener un equilibrio entre intervenir conscientemente y permitir que el sueño siga su curso natural, respetando la espontaneidad del inconsciente.

Más allá de las imágenes y narrativas, los sueños contienen una carga emocional que a menudo es clave para comprender su significado. Las emociones que sentimos durante el sueño y al recordarlo son indicadores de su relevancia personal. Ignorar estas respuestas emocionales sería perder una parte esencial del mensaje del inconsciente.

El verdadero valor del trabajo con los sueños radica en su integración en la vida cotidiana. Comprender intelectualmente el mensaje de un sueño es solo el primer paso; lo fundamental es aplicar sus intuiciones de manera práctica. Esto puede implicar tomar decisiones, adoptar nuevos comportamientos o transformar nuestra manera de relacionarnos con nosotros mismos y con los demás.

Método Sistemático para Trabajar con Sueños

1. Registro Inicial

- Anotar la fecha y hora del sueño inmediatamente al despertar.

- Describir la narrativa, escenarios y personajes con el mayor detalle posible.

- Registrar las emociones experimentadas durante el sueño y al recordarlo.

- Reflexionar sobre las circunstancias personales del día anterior que podrían haber influido.

2. Análisis Estructurado

- Identificar los elementos principales del sueño: personajes, objetos, lugares.

- Registrar asociaciones personales con cada elemento.

- Explorar cómo estos elementos se conectan con situaciones actuales en la vida.

- Examinar la dinámica del sueño, prestando atención a su desarrollo y puntos clave.

3. Amplificación

- Investigar significados culturales y arquetípicos de los símbolos presentes.

- Buscar paralelismos en mitos, cuentos y tradiciones.

- Considerar interpretaciones alternativas y documentar las intuiciones que surjan.

- Reflexionar sobre el contexto más amplio del sueño, conectándolo con patrones recurrentes.

4. Integración Práctica

- Formular preguntas concretas basadas en el mensaje del sueño: ¿Qué me está sugiriendo? ¿Qué necesito cambiar o explorar?

- Identificar acciones específicas para aplicar estas intuiciones en la vida diaria.

- Establecer un seguimiento para evaluar los resultados de estas acciones.

- Reflexionar sobre cómo la aplicación de los mensajes oníricos transforma la experiencia cotidiana.

18. Mandalas Emocionales: Creando Espacios Internos

En sánscrito, la palabra «mandala» significa «círculo sagrado». En diversas tradiciones espirituales, estos diagramas geométricos han sido utilizados como herramientas de meditación y autoconocimiento. Inspirados en esta antigua práctica, los mandalas emocionales emergen como una técnica innovadora para explorar y transformar nuestro paisaje interno. A través de la creación espontánea de formas y colores dentro de un círculo, podemos dar expresión visual a emociones complejas, patrones recurrentes y estados de ánimo, abriendo un canal de diálogo con nuestro inconsciente.

El proceso de creación de un mandala emocional inicia con la preparación de un espacio personal y consciente. No se trata solo de reunir materiales o encontrar un lugar tranquilo, sino de establecer una disposición interna para explorar el paisaje emocional propio. Trazar el círculo inicial tiene un profundo significado simbólico: representa la construcción de un contenedor psicológico seguro, donde las emociones pueden fluir sin restricciones, transformándose en patrones visuales que reflejan el mundo interno.

La característica más distintiva de los mandalas emocionales es su abstracción. A diferencia de otras formas de expresión artística, no buscan representar emociones de manera literal, sino que las permiten manifestarse a través de colores, formas y patrones abstractos. Esta libertad permite al inconsciente expresarse sin censura, haciendo que aspectos profundos y a menudo reprimidos de la psique emerjan de forma natural y orgánica.

En los mandalas emocionales, los colores funcionan como un lenguaje primario de la psique, cargado de significados personales. No hay interpretaciones universales; cada color refleja asociaciones individuales moldeadas por experiencias, recuerdos y contextos culturales. La elección de un color particular en un momento dado puede revelar preferencias, rechazos o tensiones emocionales subyacentes que tal vez no se manifiesten de forma consciente.

La estructura geométrica del mandala actúa como un marco que organiza emociones caóticas. El centro del mandala simboliza el núcleo de la psique, el lugar desde el cual se origina toda exploración emocional. Los patrones que se desarrollan hacia la periferia reflejan cómo las emociones fluyen, interactúan y se transforman. Esta estructura convierte la experiencia emocional en algo visible, facilitando su comprensión y procesamiento.

Cada mandala es, además, un retrato emocional temporal. No captura toda nuestra complejidad interna, sino un instante específico de nuestra experiencia emocional. Practicar regularmente la creación de mandalas permite observar patrones de cambio emocional a lo largo del tiempo, funcionando como un diario visual que revela la evolución de nuestro mundo interno.

La interpretación de un mandala emocional no sigue reglas predefinidas, sino que surge de un diálogo intuitivo entre el creador y su obra. Los patrones repetitivos pueden señalar preocupaciones persistentes, mientras que interrupciones o asimetrías en el diseño podrían reflejar conflictos o momentos de transformación. Este proceso de interpretación es tan importante como el acto creativo, pues ofrece nuevas perspectivas sobre el propio paisaje emocional.

Además, los mandalas pueden enriquecerse con elementos simbólicos personales. Estos símbolos pueden emerger espontáneamente o ser introducidos deliberadamente para explorar aspectos específicos de la experiencia emocional. Incorporar estos elementos añade profundidad al mandala y abre la puerta a conexiones más amplias entre diferentes áreas de la psique.

El acto de crear un mandala emocional no es solo una actividad introspectiva; también es una práctica terapéutica. El proceso mismo, que implica atención plena y expresión creativa, ayuda a calmar la mente, reduciendo el impacto del estrés y promoviendo una mayor claridad emocional. Al permitir que las emociones se expresen en un espacio estructurado, los mandalas actúan como contenedores seguros para explorar sentimientos complejos o conflictivos.

Esta herramienta es especialmente útil para integrar experiencias traumáticas. Al convertir emociones desordenadas en patrones visuales organizados, el mandala facilita la transformación de recuerdos dolorosos en algo manejable y comprensible. La experiencia de crear orden a partir del caos emocional puede generar un alivio significativo, promoviendo una sensación de restauración y equilibrio.

Aunque la creación de mandalas emocionales es, en esencia, un proceso personal, compartirlos con otros puede fortalecer los lazos interpersonales. En un entorno grupal, los mandalas se convierten en un lenguaje común para expresar y validar experiencias emocionales. Los talleres colectivos pueden proporcionar un espacio de apoyo mutuo, donde la comunicación emocional fluya más allá de las palabras.

Ejercicio: Creación de un Mandala Emocional

1. Preparación del Espacio

- Elegir un lugar tranquilo y cómodo, donde no haya interrupciones.

- Reunir materiales variados: hojas circulares, lápices de colores, marcadores, acuarelas o cualquier herramienta de preferencia.

- Crear una atmósfera que invite a la introspección, como música suave o velas, si se desea.

- Reservar un tiempo ininterrumpido de al menos 30 minutos para el proceso.

2. Proceso de Creación

- Comenzar con varias respiraciones profundas, enfocándose en el presente.

- Dibujar el contorno circular con intención, visualizándolo como un espacio seguro.

- Identificar cómo se siente emocionalmente en ese momento, sin necesidad de etiquetar ni juzgar las emociones.

- Dejar que los colores, formas y patrones surjan de manera espontánea desde el centro del círculo hacia los bordes.

- Evitar planificar el diseño; confiar en el flujo natural de la creación.

3. Integración y Reflexión

- Al completar el mandala, observarlo en silencio por unos minutos, permitiendo que emerjan impresiones iniciales.

- Identificar áreas de armonía, tensión o desequilibrio.

- Escribir sobre el proceso creativo y las emociones experimentadas durante y después de la creación.

- Si se desea, fotografiar el mandala para registrar su evolución a lo largo del tiempo.

4. Seguimiento

- Repetir el ejercicio regularmente, ya sea a diario o semanalmente.

- Mantener un diario que relacione las experiencias emocionales con los mandalas creados.

- Buscar patrones o cambios en los diseños que reflejen transformaciones internas.

- Reflexionar sobre cómo las variaciones en los mandalas coinciden con eventos significativos en la vida.

19. La Alquimia de las Relaciones: Transformando Conflictos

En el laboratorio del alquimista, sustancias aparentemente incompatibles se funden en el crisol, sometiéndose al fuego transformador para dar origen a una nueva entidad. Esta imagen ofrece una poderosa metáfora para comprender la dinámica de las relaciones humanas a través del lente de la psicología junguiana. Cada vínculo interpersonal es un encuentro alquímico donde dos psiques, con sus propias historias y sombras, se combinan en un proceso que puede ser tanto desafiante como enriquecedor. Al aplicar los principios de la alquimia emocional---reconocimiento, aceptación y transmutación---podemos convertir los inevitables conflictos en oportunidades de crecimiento y conexión más profunda.

La nigredo, o fase de oscuridad, representa el caos inicial en el que emergen las sombras de la personalidad. En las relaciones, esta etapa corresponde al punto crítico del conflicto, donde las emociones reprimidas y los desacuerdos latentes salen a la superficie con intensidad.

Reconocer esta fase es un ejercicio de aceptación radical: implica enfrentarse a la complejidad del problema sin evitar los aspectos incómodos que lo constituyen. Es el momento en el que se desmontan las defensas, permitiendo que cada participante mire de frente su propia contribución al desorden.

La transición hacia la albedo, o fase de purificación, demanda un esfuerzo consciente de clarificación. Aquí, la comunicación asume un papel transformador. La comunicación alquímica no se limita a la expresión de las propias necesidades, sino que prioriza una escucha activa que decodifique las perspectivas y emociones del otro. Este proceso depura las proyecciones negativas y abre camino a la comprensión mutua. La claridad emocional y el lenguaje empático se convierten en herramientas esenciales para disipar los malentendidos y permitir que el conflicto evolucione hacia un terreno más constructivo.

Finalmente, la rubedo señala la culminación del proceso alquímico: la integración y la armonía. En las relaciones, esta etapa simboliza el encuentro entre opuestos, la posibilidad de hallar un equilibrio donde antes reinaba la discordia. Las partes involucradas no solo resuelven el conflicto, sino que emergen fortalecidas, con una comprensión más profunda de sí mismas y del otro. Es en este punto donde la relación se enriquece con nuevas dimensiones de intimidad y colaboración.

En el trasfondo de estos procesos, los arquetipos descritos por Carl Jung desempeñan un rol esclarecedor. Los patrones simbólicos que encarnamos, como el héroe o el sabio, influyen en nuestras dinámicas relacionales de manera a menudo inconsciente. Identificar estos arquetipos en los momentos de conflicto permite desentrañar los roles repetitivos que asumimos y cuestionar las historias personales que perpetúan el enfrentamiento. Al integrar estos patrones en nuestra consciencia, se desactivan los mecanismos automáticos que alimentan el desequilibrio.

La proyección, mecanismo psicológico central en las relaciones, tiende a complicar los conflictos al atribuir a los demás los aspectos que rechazamos de nosotros mismos. En el marco de la alquimia relacional, el desafío consiste en recuperar esas proyecciones, asumiendo la responsabilidad de nuestras emociones y reacciones. Este acto de introspección no solo alivia las tensiones, sino que fomenta un ambiente de honestidad y respeto mutuo.

Superar un conflicto requiere más que voluntad: exige un compromiso con la autorreflexión y el cambio. Al aceptar nuestras sombras personales, liberamos la energía que estas encapsulan y la redirigimos hacia la construcción de vínculos más sólidos. Este proceso demanda una exploración sincera de las emociones más profundas y la disposición para transformar las dinámicas negativas en oportunidades para el crecimiento conjunto.

El uso de rituales simbólicos ofrece un medio poderoso para marcar hitos en la resolución de conflictos. Estas prácticas pueden tomar la forma de ceremonias personales o compartidas que expresen los compromisos alcanzados. Más que meros gestos, los rituales consolidan emocionalmente el tránsito desde la tensión hacia la reconciliación, favoreciendo una conexión más auténtica y estable.

Un elemento clave en la alquimia de las relaciones es la creación de un espacio de diálogo seguro, un "contenedor alquímico" donde las partes se sientan libres de exponer sus emociones sin temor al juicio o la recriminación. Este contenedor facilita la apertura emocional y fomenta una comunicación que trasciende la superficialidad. Solo en un ambiente de confianza mutua es posible emprender el trabajo transformador que los conflictos exigen.

El reconocimiento e integración de las sombras, aquellos aspectos reprimidos que la sociedad o nosotros mismos consideramos inaceptables, resulta fundamental. Al dejar de proyectar estas sombras en los demás, logramos no solo aliviar los conflictos relacionales, sino también avanzar hacia un estado de equilibrio interno. Este trabajo de introspección nos acerca a un nivel de autoconciencia que enriquece nuestras relaciones y nos capacita para responder a las dificultades con madurez emocional.

Ejercicio Práctico: Inventario de Patrones Relacionales

La mayoría de nuestros conflictos relacionales siguen patrones predecibles que rara vez notamos. Este ejercicio te ayudará a identificar estos ciclos y a crear respuestas más efectivas.

Objetivo

- Identificar patrones repetitivos en tus conflictos relacionales

- Descubrir tus "puntos gatillo" emocionales

- Desarrollar nuevas formas de responder a situaciones tensas

- Crear estrategias prácticas para transformar conflictos en oportunidades de crecimiento

El Ejercicio Paso a Paso

Fase 1: Mapeo de Conflictos (Semana 1)

Crea una tabla con las siguientes columnas:

1. ¿Qué pasó exactamente?

2. ¿Con quién fue?

3. ¿Qué sentí en el momento?

4. ¿Qué hice?

5. ¿Cómo terminó todo?

Ejemplo:

> ¿Qué pasó?
>
> Mi pareja llegó 30 minutos tarde sin avisar
>
> ¿Con quién?
>
> Pareja
>
> ¿Qué sentí?
>
> Ansiedad, luego enojo, sensación de no ser valorada
>
> ¿Qué hice?
>
> Le di el tratamiento del silencio, hice comentarios pasivo-agresivos
>
> ¿Cómo terminó?
>
> Discutimos, ambos nos fuimos a dormir enojados

Fase 2: Identificación de Patrones (Semana 2)

Revisa tus registros y responde:

1. ¿Qué situaciones se repiten?

- Ejemplos: tardanzas, promesas incumplidas, falta de comunicación

2. ¿Qué emociones aparecen más frecuentemente?

- Ejemplos: abandono, no ser valorado, falta de control

3. ¿Cuáles son tus respuestas automáticas?

- Ejemplos: alejarte, atacar, buscar culpables

Fase 3: Creación del "Manual de Usuario Personal" (Semana 3)

A. Mis Disparadores (lo que me activa):

Cuando alguien...

- No responde mis mensajes por horas

- Toma decisiones sin consultarme

- Hace promesas que no cumple

B. Mis Señales de Alerta:

Sé que me estoy activando cuando...

- Empiezo a revisar el celular constantemente

- Siento un nudo en el estómago

- Mi voz se vuelve más cortante

C. Lo Que Necesito Cuando Esto Pasa:

Me ayuda cuando...

- Me dan espacio por 10 minutos para calmarme

- Me confirman que mi preocupación es válida

- Me explican sus razones sin defenderse

Fase 4: Diseño de Nuevas Respuestas (Semana 4)

Para cada patrón identificado, crea tres posibles respuestas nuevas:

Situación: Llegadas tarde sin aviso

Respuesta actual: Tratamiento del silencio

Alternativas:

1. Inmediata: Expresar mi preocupación directamente

"Me preocupé cuando no supe de ti. ¿Está todo bien?"

2. Preventiva: Establecer acuerdos claros

"¿Podemos acordar avisarnos si vamos a llegar más de 10 minutos tarde?"

3. Reflexiva: Explorar por qué me afecta tanto

"¿Qué otras situaciones de mi vida me han hecho sentir así?"

Consejos para la Práctica

- No te juzgues por tus reacciones actuales

- Empieza con situaciones menos cargadas emocionalmente

- Practica las nuevas respuestas cuando estés tranquilo

- Celebra los pequeños cambios

- Comparte tus descubrimientos con personas de confianza

Señales de Progreso

Sabrás que el ejercicio está funcionando cuando:

- Puedes identificar tus patrones mientras suceden

- Tienes más tiempo entre el "gatillo" y tu reacción

- Tus relaciones comienzan a sentirse menos reactivas

- Puedes reírte de tus patrones cuando los notas

- Las personas cercanas notan un cambio en tus respuestas

Recordatorios Importantes

- Este no es un ejercicio de "arreglarte"

- Todos tenemos patrones; conocerlos es poder

- El cambio es gradual y requiere paciencia

- Está bien volver a viejos patrones a veces

- La meta es expandir opciones, no eliminar respuestas

Para Reflexionar

Al final de las cuatro semanas, pregúntate:

- ¿Qué he aprendido sobre mí?

- ¿Qué patrones ya no me sirven?

- ¿Qué necesito para sentirme seguro en mis relaciones?

- ¿Qué nuevas respuestas quiero cultivar?

20. Rituales Emocionales: Prácticas para la Transformación

Desde el alba de los tiempos, en todas las sociedades humanas, los rituales han fungido como hilos que entretejen las esferas interna y externa de la existencia, como umbrales donde lo sagrado y lo mundano se encuentran y dialogan. Estos actos simbólicos, cargados de intención y significado, nos regalan un espacio protegido donde podemos transitar por las emociones más desafiantes, nutrirnos de nuestros recursos interiores, y honrar nuestra resiliencia y capacidad de renovación. Ya sea que elijamos la palabra escrita, el lenguaje del cuerpo en movimiento, la vibración sanadora del sonido o la creación de altares como espejos de nuestra psique, los rituales emocionales nos permiten ser alquimistas de nuestra propia transformación.

Diseñar un ritual emocional implica atender profundamente las propias necesidades y objetivos. No se trata de fórmulas universales, sino de encontrar elementos que resuenen con nuestra historia y simbología personal. Una vela puede encarnar la luz que buscamos, una piedra, la estabilidad que añoramos, y un acto tan sencillo como escribir puede convertirse en un portal hacia nuestra conciencia emocional. Este proceso creativo nos sitúa como protagonistas de nuestro propio cambio, invitándonos a explorar qué herramientas, prácticas y símbolos nos permiten habitar y transformar lo que sentimos.

Un componente clave de estas prácticas es la liberación de emociones negativas que bloquean nuestro bienestar. En la escritura catártica, por ejemplo, verter palabras sobre papel y luego destruirlo—quemándolo, enterrándolo o dejando que el agua lo lleve—simboliza soltar cargas emocionales acumuladas. Este acto físico, sencillo pero lleno de intención, conecta lo interno con lo externo, generando alivio y una profunda sensación de renovación. Mientras las palabras escritas se desvanecen, también lo hacen las emociones que las inspiraron, dejando espacio para la calma y la claridad.

Así como es importante liberar lo que pesa, también lo es celebrar y fortalecer las emociones que nos sostienen. Prácticas de gratitud, como escribir diariamente tres razones por las que estamos agradecidos, tienen un impacto acumulativo en nuestra perspectiva. Cada gesto de agradecimiento refuerza un circuito de bienestar emocional, convirtiendo algo intangible en un anclaje concreto. Este sencillo acto amplifica nuestra conexión con lo positivo, cultivando una mentalidad más abierta y receptiva.

Los momentos de transición en la vida—cambios laborales, relacionales o de etapa—suelen requerir rituales que nos ayuden a procesar y abrazar lo nuevo. Ceremonias de despedida y bienvenida funcionan como marcos simbólicos que facilitan este proceso. En ellas, expresar gratitud por lo vivido y abrirse a lo desconocido nos permite encontrar significado en el cambio y abrazarlo con mayor claridad. Estos rituales otorgan un sentido de cierre y apertura, marcando los umbrales entre lo que dejamos atrás y lo que está por venir.

La utilización de símbolos es esencial en estas prácticas. Objetos como velas, piedras o incluso fotografías, no solo representan conceptos abstractos, sino que anclan nuestras intenciones en la realidad. Por ejemplo, encender una vela puede simbolizar la esperanza o el coraje, mientras sostener una piedra nos recuerda nuestra fortaleza interior. Estos objetos, cargados de significado, no son simples herramientas, sino aliados que nos acompañan en el proceso de transformación emocional.

Integrar elementos de la naturaleza añade profundidad a estas experiencias. Los cuatro elementos clásicos—tierra, agua, aire y fuego— actúan como metáforas vivas de nuestras emociones. La tierra nos conecta con la estabilidad; el agua fluye como nuestras emociones; el aire limpia y renueva; y el fuego transforma y purifica. Incorporar estos elementos de manera tangible o imaginativa nos permite conectar con un simbolismo más profundo, enriqueciendo el impacto del ritual.

Si bien los rituales suelen ser personales, las prácticas colectivas tienen un poder amplificador. Reunirse en un círculo para compartir emociones o participar en movimientos sincronizados crea una energía compartida que potencia la transformación. La resonancia emocional en grupo, unida por una intención común, ofrece un apoyo profundo y genera un sentido de comunidad que fortalece tanto a los individuos como al colectivo.

La práctica continua de rituales emocionales requiere de una reflexión constante sobre su impacto. Llevar un registro detallado de nuestras experiencias—las intenciones planteadas, las acciones realizadas y los cambios observados—nos ayuda a ajustar y afinar nuestras prácticas. Este ejercicio de seguimiento no solo optimiza nuestros esfuerzos, sino que también revela patrones y fortalezas en nuestro trabajo emocional.

21. El Cuerpo como Reflejo Emocional

«El cuerpo nunca miente», afirmaba la pionera de la danza moderna Martha Graham[5]. Esta simple pero profunda declaración resuena con la visión junguiana del cuerpo como un espejo de nuestra vida emocional. Más allá de concebirse como un mero vehículo físico, nuestro cuerpo es un lienzo vivo donde se pintan las huellas de nuestras experiencias, traumas y patrones inconscientes. A través de síntomas, posturas y sensaciones, nos habla en un lenguaje sutil pero potente, invitándonos a escuchar sus mensajes y atender sus necesidades. Al cultivar una relación consciente y compasiva con nuestro cuerpo, podemos acceder a una fuente invaluable de sabiduría emocional y autoconocimiento.

Mapear las emociones en el cuerpo permite identificar patrones comunes sobre cómo estas se manifiestan físicamente. Investigaciones recientes han demostrado que ciertos estados emocionales

---

[5] Martha Graham (1894-1991) fue una influyente bailarina y coreógrafa estadounidense, considerada una de las madres de la danza moderna. Su enfoque enfatiza la expresión auténtica de las emociones a través del movimiento corporal.

tienden a localizarse en regiones específicas. La ira, por ejemplo, genera sensaciones de calor en el pecho y los brazos, mientras que la tristeza suele sentirse como un peso en el pecho acompañado de una sensación de frío en las extremidades. Esta herramienta no solo visualiza las emociones en el cuerpo, sino que facilita el reconocimiento de tensiones asociadas con experiencias emocionales no procesadas.

Prestar atención al cuerpo requiere un esfuerzo consciente que va más allá de lo superficial. La práctica de la atención plena, conocida como mindfulness, ofrece un enfoque invaluable para escuchar el cuerpo y sus mensajes. Al observar sin juzgar las sensaciones corporales y los estados emocionales que las acompañan, se desarrolla una sensibilidad que permite detectar cambios antes de que se conviertan en malestares físicos importantes. Este proceso convierte al cuerpo en un recurso confiable para comprender el estado emocional y anticipar desequilibrios.

Dentro de este complejo sistema, el papel del sistema nervioso resulta esencial. Sus ramas simpática y parasimpática organizan las respuestas físicas ante los estímulos emocionales. Situaciones de estrés activan el sistema simpático, acelerando el ritmo cardíaco, intensificando la respiración y aumentando la tensión muscular. Por el contrario, el sistema parasimpático fomenta la relajación, restaurando el equilibrio físico y emocional. Trabajar con estas respuestas de manera consciente puede ser clave para regular emociones y aliviar tensiones físicas.

El movimiento físico se presenta como un medio eficaz para liberar emociones retenidas en el cuerpo. Prácticas como el yoga, el qi gong o ejercicios corporales expresivos permiten que estas tensiones acumuladas se disipen, promoviendo una mayor conexión entre cuerpo y mente. Estas técnicas, más allá de aliviar físicamente, restauran el flujo emocional, evitando bloqueos que pueden derivar en malestar prolongado.

Muchas dolencias crónicas pueden ser interpretadas como una expresión somática de conflictos emocionales no resueltos. Enfoques psicosomáticos consideran que síntomas como dolores persistentes de espalda, tensión muscular o problemas digestivos no son solo cuestiones físicas, sino reflejos de vivencias internas. Un dolor de cabeza recurrente podría estar vinculado a una sobrecarga emocional o mental, mientras que malestares estomacales podrían indicar dificultades para asimilar situaciones conflictivas. Reconocer estas conexiones permite abordar no solo el síntoma, sino las raíces emocionales del problema.

La terapia corporal ha demostrado ser una herramienta poderosa en el trabajo emocional profundo, particularmente en contextos arquetípicos junguianos. Modalidades como la experiencia somática y la terapia sensomotriz consideran que el trauma no se limita a la mente, sino que se registra también en el cuerpo como tensión y patrones musculares específicos. Al trabajar directamente sobre estas manifestaciones, se facilita la integración de aspectos psíquicos fragmentados, lo que permite avanzar hacia un estado de mayor equilibrio emocional.

La respiración, tan básica como imprescindible, también se revela como un recurso significativo en la regulación emocional. Prácticas como la respiración diafragmática o la alternada ayudan a reducir la activación del sistema nervioso simpático, estabilizando el cuerpo y promoviendo un estado de calma. Al mismo tiempo, este enfoque ancla la atención en el presente, proporcionando un espacio de claridad para observar y gestionar las emociones con mayor efectividad.

Los traumas emocionales suelen quedar inscritos tanto en la memoria consciente como en la corporal. Métodos como el EMDR o la experiencia somática utilizan movimientos y atención al cuerpo para procesar estas vivencias, liberando tensiones asociadas y restableciendo una sensación de seguridad física y emocional. Estas técnicas reconocen que sanar el trauma implica atender tanto las emociones como las respuestas físicas que permanecen en el cuerpo.

Ejercicio Práctico: Cartografía Emocional Corporal

Este ejercicio te ayudará a crear un mapa personal de cómo tus emociones se manifiestan físicamente en tu cuerpo, permitiéndote anticipar y comprender mejor tus estados emocionales a través de las señales corporales.

Objetivo

- Establecer conexiones claras entre emociones y sensaciones físicas

- Identificar señales corporales tempranas de estados emocionales

- Desarrollar un vocabulario personal de sensaciones físico-emocionales

- Crear un sistema de alerta temprana para el manejo emocional

Materiales Necesarios

- Un cuaderno de dibujo o hojas blancas

- Lápices de colores o marcadores

- Una plantilla simple del contorno de un cuerpo humano (incluida al final)

- 5-10 minutos después de cada experiencia emocional significativa

El Proceso

Fase 1: Registro Inicial (Semana 1)

1. Dibuja o imprime varios contornos simples del cuerpo humano (frente y espalda)

2. Durante una semana, cada vez que experimentes una emoción intensa:

- Marca en el dibujo DÓNDE sientes la emoción

- Describe CÓMO se siente usando palabras simples:

Presión

Calor

Hormigueo

Tensión

Vacío

Pesadez

Ligereza

- Usa colores diferentes para cada tipo de sensación

- Anota la emoción asociada

- Registra la intensidad (1-10)

Ejemplo de Registro:

> Fecha: 15/01/2024
>
> Emoción: Ansiedad por presentación
>
> Sensaciones:
>
> - Estómago: Nudo apretado (rojo, intensidad 7)
>
> - Pecho: Presión (azul, intensidad 8)
>
> - Manos: Hormigueo (verde, intensidad 6)
>
> Duración: 45 minutos
>
> Disparador: Ver el auditorio lleno

Fase 2: Identificación de Patrones (Semana 2)

Crea un "diccionario corporal" personal:

1. Para cada emoción frecuente, registra:

 - Dónde comienza en el cuerpo

 - Cómo se expande

 - Qué otras áreas afecta

- Cuánto dura típicamente

- Qué la intensifica

- Qué la alivia

2. Identifica tus "zonas calientes":

- ¿Qué partes de tu cuerpo son más reactivas?

- ¿Qué sensaciones son señales de alerta temprana?

- ¿Qué secuencia de sensaciones suele preceder a emociones intensas?

Ejemplo de Patrón:

> Emoción: Frustración
>
> Secuencia típica:
>
> 1. Tensión en la mandíbula
>
> 2. Calor en el cuello
>
> 3. Presión en la cabeza
>
> 4. Puños apretados

> Duración promedio: 20 minutos
>
> Señal de alerta temprana: Mandíbula tensa

Fase 3: Aplicación Práctica (Semana 3)

1. Usa tu mapa para identificar emociones antes de que se intensifiquen

2. Cuando notes una señal física familiar:

   - Identifica la emoción asociada

   - Observa si el patrón comienza a desarrollarse

   - Decide si quieres intervenir o dejar que la emoción siga su curso

Patrones Comunes a Observar

Ansiedad

- Zona primaria: Estómago y pecho

- Sensaciones típicas: Mariposas, presión, dificultad para respirar

- Señales tempranas: Cambios en la respiración, tensión abdominal

Enojo

- Zona primaria: Mandíbula, cuello, hombros

- Sensaciones típicas: Calor, tensión muscular, puños apretados

- Señales tempranas: Mandíbula tensa, calor en el cuello

Tristeza

- Zona primaria: Pecho y garganta

- Sensaciones típicas: Peso, presión, nudo en la garganta

- Señales tempranas: Sensación de pesadez en el pecho

Alegría

- Zona primaria: Pecho y cara

- Sensaciones típicas: Ligereza, calor agradable, energía expandiéndose

- Señales tempranas: Cosquilleo en el pecho, relajación facial

Recomendaciones

- No juzgues las sensaciones, solo obsérvalas

- Sé específico en tus descripciones

- Registra incluso sensaciones sutiles

- Nota cambios en la respiración

- Observa la tensión muscular

- Presta atención a la temperatura corporal

- Registra la intensidad de las sensaciones

Beneficios Esperados

- Reconocimiento temprano de estados emocionales

- Mayor tiempo de respuesta antes de reacciones emocionales

- Mejor comprensión de tus patrones emocionales

- Capacidad para intervenir antes de que las emociones se intensifiquen

- Desarrollo de una relación más consciente con tu cuerpo

22. Inteligencia Emocional: Un Enfoque Junguiano

En las últimas décadas, el concepto de inteligencia emocional ha ganado un creciente reconocimiento en campos tan diversos como la educación, el liderazgo y la psicoterapia. Sin embargo, la visión junguiana de este constructo ofrece una perspectiva única y enriquecedora. Más que un conjunto de habilidades para manejar emociones, la inteligencia emocional desde este enfoque implica un proceso de individuación: el valiente y continuo trabajo de integrar los aspectos conscientes e inconscientes de nuestra psique. Al incorporar conceptos como los arquetipos, la sombra y la función transcendente, esta mirada amplía nuestra comprensión de lo que significa ser emocionalmente inteligentes, invitándonos a un viaje de autoconocimiento y transformación profunda.

Una clave para comprender este enfoque está en el papel de los arquetipos, patrones universales del inconsciente colectivo que moldean nuestras respuestas emocionales y conductas. Patrones como el del héroe, que resuena en situaciones de desafío y valentía, o el del cuidador, vinculado a momentos de empatía y protección, no solo influyen en cómo actuamos, sino que revelan dimensiones profundas de nuestras emociones. Reconocer y trabajar conscientemente con estos arquetipos nos permite no solo entender mejor nuestras propias reacciones, sino también anticipar y comprender las de los demás.

Desde la psicología analítica, el desarrollo de la empatía adquiere una profundidad única a través del trabajo con la sombra. Este aspecto de la psique, que guarda lo reprimido o negado, no solo contiene rasgos que evitamos reconocer en nosotros mismos, sino que también proyectamos en los demás. Al enfrentarnos e integrar nuestra sombra, nos abrimos a una forma de empatía más genuina, donde reconocemos en otros aquello que hemos evitado en nuestro interior, enriqueciendo nuestras relaciones interpersonales.

El concepto de individuación, pilar central en la teoría junguiana, aporta una dimensión transformadora al desarrollo emocional. Este proceso, que integra las distintas facetas de la personalidad, expande nuestra capacidad para lidiar con emociones complejas y para encontrar equilibrio entre los aspectos conscientes e inconscientes de nuestra psique. A medida que la individuación avanza, se fortalece una coherencia interna que no solo potencia nuestra autenticidad, sino que también mejora la calidad de nuestras relaciones.

No es casual que las técnicas propuestas desde la psicología junguiana para trabajar las emociones ofrezcan un enfoque tan particular. Herramientas como el análisis de sueños permiten acceder al lenguaje simbólico del inconsciente, iluminando emociones que de otro modo permanecerían ocultas. La amplificación, por su parte, ayuda a vincular experiencias y emociones individuales con temas universales y arquetípicos, proporcionando una perspectiva más rica y matizada de las situaciones que enfrentamos. Estas prácticas favorecen una comprensión profunda de las emociones y potencian formas creativas para manejarlas.

La imaginación activa, otra técnica destacada, fomenta un diálogo consciente con las imágenes y símbolos emergentes del inconsciente. Este ejercicio no solo amplía nuestra comprensión de las emociones, sino que también facilita la integración de aspectos previamente desconocidos o reprimidos. Al permitir que estas imágenes simbólicas encuentren un lugar en nuestra consciencia, no solo se refuerza la autoconciencia emocional, sino que también se abren caminos innovadores para resolver conflictos internos.

La integración de los aspectos masculino y femenino de la psique, representados en los arquetipos del anima y el animus, es fundamental en este modelo de inteligencia emocional. Reconocer y desarrollar tanto las cualidades asociadas tradicionalmente con lo masculino, como la lógica y la asertividad, como aquellas vinculadas a lo femenino, como la intuición y la receptividad, permite alcanzar un equilibrio que enriquece nuestras respuestas emocionales. Este balance no solo amplía nuestra flexibilidad emocional, sino que también fortalece nuestra capacidad de adaptarnos a contextos diversos.

Dentro de este enfoque, la sincronicidad ocupa un lugar especial como una herramienta para afinar la intuición emocional. Esta conexión significativa entre eventos aparentemente no relacionados nos invita a prestar atención a los matices y patrones sutiles en nuestras experiencias. Más que una coincidencia, la sincronicidad nos ayuda a identificar significados profundos y a fortalecer nuestra percepción emocional, facilitando decisiones más alineadas con nuestras realidades internas.

El alcance práctico de esta perspectiva no se limita a la reflexión personal. En el ámbito laboral, puede traducirse en liderazgos más auténticos y en un reconocimiento más claro de los roles y dinámicas organizacionales. En las relaciones personales, permite profundizar la comunicación al identificar patrones compartidos y promover un entendimiento más empático. Y en términos de desarrollo individual, fomenta una autoaceptación que transforma la manera en que enfrentamos desafíos emocionales.

23. La Creatividad como Alquimia Emocional

«Creatividad es hacer que exista lo que previamente no existía», afirmó el psiquiatra Rollo May[6]. Pero, ¿qué ocurre cuando aplicamos este poder de manifestación a nuestro propio mundo emocional? La psicología junguiana nos ofrece una perspectiva fascinante sobre la creatividad como un proceso alquímico interno. Al dar forma tangible a nuestras emociones y experiencias a través del arte, la escritura o cualquier medio expresivo, no solo las liberamos, sino que también las transformamos. Este acto creativo se convierte en un crisol donde los conflictos se resuelven, los traumas se sanan y nuevas posibilidades de ser emergen. Así, cada pincelada, cada palabra o cada nota musical se convierte en un catalizador de nuestra propia metamorfosis emocional.

En la psicología de Jung, la función trascendente emerge como una clave en este

---

[6] Rollo May (1909-1994) fue un influyente psicólogo y psicoterapeuta existencial estadounidense, conocido por su enfoque humanista y su exploración de temas como la creatividad, el amor y la voluntad

proceso. Este concepto describe cómo la mente conecta lo consciente con lo inconsciente, generando símbolos y significados que desatascan tensiones internas. El acto de crear, desde esta perspectiva, no solo expresa lo que está en el interior, sino que también sintetiza elementos discordantes en una totalidad que permite avanzar hacia una mayor cohesión psíquica.

Obras artísticas como pinturas, esculturas y dibujos se convierten en herramientas para plasmar aquello que no siempre puede ser verbalizado. En el trazo o el modelado de una forma, las emociones toman cuerpo, haciendo posible un intercambio con lo que antes parecía inabordable. Más que un desahogo momentáneo, este diálogo creativo permite reorganizar las experiencias internas, dando nuevos significados a lo vivido.

Por otro lado, la escritura creativa ofrece un espacio único donde la imaginación y los patrones arquetípicos se encuentran. En la construcción de personajes y narrativas, aspectos como el héroe, la sombra o el sabio encuentran lugar para manifestarse. Estas narrativas internas, al tomar forma en palabras, ayudan no solo a identificar estas fuerzas en la vida personal, sino también a experimentar con ellas, ganando mayor flexibilidad emocional en el proceso.

La música posee un lenguaje propio que parece llegar allí donde las palabras no alcanzan. Su capacidad para evocar estados emocionales complejos y profundos hace de ella un medio privilegiado para expresar lo que permanece oculto o inaccesible. Tanto al componer como al interpretar o escuchar activamente, las emociones encuentran canales de transformación que permiten trascender bloqueos y acceder a un entendimiento más pleno de uno mismo.

Cuando se trabaja con técnicas como el collage, el acto de combinar y reorganizar imágenes extraídas de diferentes contextos permite una exploración visual del paisaje interno. Más que una simple práctica estética, este proceso facilita la integración de fragmentos dispares de la psique, que, al unirse en un todo nuevo, revelan conexiones inesperadas. Aquí, la creación deja de ser un acto meramente técnico para convertirse en una herramienta de autodescubrimiento y reconstrucción.

Las etapas del proceso creativo resuenan con las fases de transformación psicológica exploradas en la tradición alquímica. Desde el caos inicial hasta la claridad de una obra terminada, cada paso refleja un movimiento interno de desintegración, purificación y resolución. Enfrentar estas etapas no solo resulta en un producto terminado, sino que también da sentido a los desafíos y satisfacciones inherentes a la creación misma.

Las dificultades que bloquean la creatividad suelen estar arraigadas en aspectos de la sombra personal. Miedos, inseguridades y críticas internas surgen como obstáculos, pero enfrentarlos abre la posibilidad de desbloquear energías creativas reprimidas. Ejercicios como la escritura espontánea o el dibujo sin dirección consciente no solo sirven como escapes, sino que también permiten confrontar y transformar lo que antes parecía un límite insuperable.

Algunas prácticas estructuradas, como los rituales creativos, pueden jugar un papel importante en la canalización de emociones atrapadas. La construcción de mandalas, la escritura de cartas simbólicas o la composición de canciones cargadas de intención actúan como contenedores donde las emociones encuentran un orden. Estas actividades, al estar impregnadas de significado, ofrecen una vía segura para reorganizar patrones internos y avanzar hacia una mayor estabilidad emocional.

Las revelaciones obtenidas en el proceso creativo no adquieren pleno valor hasta que encuentran una forma de integrarse en la vida cotidiana. Llevar a la práctica lo descubierto en un lienzo, un texto o una melodía implica transformar relaciones, hábitos y perspectivas. Así, el cambio interno generado por la creatividad se extiende más allá del espacio de la obra y toma raíces en la experiencia diaria, consolidando el impacto del proceso.

Ejercicio Práctico: Traducción Emocional

La manera en que describimos nuestras emociones puede transformar profundamente cómo las experimentamos y comprendemos. Este ejercicio te guiará en el proceso de expresar una misma emoción de tres formas diferentes, permitiéndote descubrir nuevas perspectivas y significados.

Objetivo

Desarrollar diferentes formas de entender y procesar tus emociones, especialmente aquellas que resultan difíciles de manejar o expresar.

El Ejercicio

Paso 1: Selección de la Emoción

Elige una emoción que:

- Te resulte difícil de procesar o expresar

- Aparezca frecuentemente en tu vida

- Te gustaría entender mejor

- Te genere malestar o confusión

Paso 2: Las Tres Traducciones

Expresarás esta emoción en tres formatos diferentes:

1. Descripción Literal

- Describe la emoción como si le explicaras a alguien qué estás sintiendo exactamente

- Incluye sensaciones físicas, pensamientos y comportamientos

- Sé específico y detallado

2. Metáfora Extendida

- Describe la emoción como si fuera otra cosa completamente diferente

- Desarrolla la comparación con detalles sensoriales

- Permite que la imagen evolucione naturalmente

3. Narrativa en Tercera Persona

- Escribe sobre la emoción como si le estuviera sucediendo a otra persona

- Dale un nombre a este personaje

- Describe cómo otros perciben a este personaje cuando experimenta la emoción

Ejemplo Práctico

Tomemos la emoción "ansiedad antes de una presentación importante":

Descripción Literal:

"Mi corazón late más rápido y siento un nudo en el estómago. Mis manos están frías y sudorosas. No puedo dejar de pensar en todo lo que podría salir mal. Reviso constantemente mis notas aunque me las sé de memoria. El tiempo parece moverse muy lento y muy rápido a la vez."

Metáfora Extendida:

"Es como estar en un bote pequeño en medio del océano. El cielo está nublado y no puedo ver las estrellas para orientarme. Las olas no son muy grandes, pero el bote no deja de mecerse. Tengo los remos en mis manos, pero no estoy seguro hacia dónde remar. Sé que la costa está cerca - puedo sentirlo - pero la niebla es espesa y cambiante."

Narrativa en Tercera Persona:

"Ana se sienta en la primera fila, repasando sus notas por décima vez. Sus compañeros la ven como la estudiante preparada que siempre tiene las respuestas, pero no pueden ver cómo su pie derecho golpea suavemente el suelo en un ritmo constante. Nadie nota cómo ajusta y reajusta su collar, un hábito que tiene desde pequeña cuando algo le preocupa. Para ellos, es solo otro día, pero para Ana, cada segundo hasta su presentación se siente como una pequeña eternidad."

Preguntas de Reflexión

Después de completar las tres versiones, reflexiona:

- ¿Cuál versión fue más fácil de escribir?

- ¿Cuál versión te ayudó a entender mejor la emoción?

- ¿Qué nuevos aspectos de la emoción descubriste con cada formato?

- ¿Qué versión te gustaría compartir con otros?

- ¿Cómo cambió tu relación con la emoción después de este ejercicio?

Aplicaciones Prácticas

- Usa la versión que te resultó más útil como herramienta de comunicación con otros

- Crea un "diccionario emocional personal" con tus traducciones más efectivas

- Comparte tus metáforas con personas cercanas para mejorar la comprensión mutua

- Utiliza las diferentes versiones en tu diario personal según lo que necesites procesar

Consejos para la Práctica

- No hay respuestas incorrectas

- Permítete ser creativo y experimentar

- No te autocensures en la primera escritura

- Tómate tu tiempo con cada versión

- Regresa a tus escritos después de unos días para ganar nueva perspectiva

24. Cuentos Arquetípicos: Narrativas que Sanan

«Érase una vez...»: con estas simples palabras, generaciones de narradores han invitado a sus audiencias a adentrarse en el mágico mundo de los cuentos. Pero estos relatos, lejos de ser meros entretenimientos infantiles, encierran una profunda sabiduría psicológica. Desde la perspectiva junguiana, los cuentos tradicionales son repositorios de arquetipos y patrones emocionales universales. Sus tramas y personajes encarnan los desafíos, conflictos y procesos de transformación que todos enfrentamos en nuestro viaje vital. Al escuchar o leer estos cuentos con una mirada consciente, podemos reconocer nuestras propias luchas y descubrir caminos hacia la sanación y el crecimiento.

El marco teórico de los arquetipos, elaborado por Carl Jung, ilumina la conexión entre estos relatos y nuestra psique colectiva. Según el psicólogo suizo, los arquetipos son patrones innatos que operan en el inconsciente colectivo y que se manifiestan a través de personajes y tramas universales. Figuras como el héroe, la sabia anciana, o el villano encarnan aspectos esenciales de nuestra psique, haciendo que sus historias resuenen profundamente en cada individuo.

Adentrarse en un cuento arquetípico es más que seguir una trama; es un acto de resonancia psicológica. Los personajes y sus desafíos despiertan en nosotros aspectos adormecidos, ofreciendo una vía segura para explorar nuestro mundo interno. El caballero que enfrenta un dragón puede simbolizar nuestro valor para confrontar los temores más profundos, mientras que la princesa confinada en una torre puede representar facetas creativas o auténticas que han sido suprimidas.

La identificación con estos personajes permite distanciarse lo suficiente como para examinar nuestras propias luchas. Las soluciones creativas que se revelan en la historia nos ofrecen recursos simbólicos que podemos trasladar a nuestra vida. Así, estas narrativas actúan como espejos que reflejan y transforman nuestra percepción de los conflictos y desafíos personales.

Un ejemplo paradigmático es La Bella y la Bestia. Bella, al aceptar convivir con la temida Bestia, simboliza la capacidad de mirar más allá de las apariencias y reconciliarse con aspectos oscuros de uno mismo. Este cuento aborda el arquetipo de la doncella y el monstruo, que habla de nuestra habilidad para integrar y transformar aquello que tememos o rechazamos. En un plano más profundo, el relato es una metáfora del proceso de individuación: la integración de todas las partes de nuestra psique en una totalidad armoniosa.

Por su parte, El Patito Feo es una narrativa que captura el arquetipo del marginado. El protagonista, inicialmente rechazado por su entorno, emprende un camino de autodescubrimiento que culmina en el reconocimiento de su auténtica esencia. Esta historia nos recuerda que las experiencias de exclusión, aunque dolorosas, pueden convertirse en catalizadores para la transformación personal y la autoaceptación. Al identificarnos con su viaje, reinterpretamos nuestras vivencias de rechazo como oportunidades para redescubrir nuestra singularidad y fuerza interior.

En el ámbito terapéutico, los cuentos arquetípicos se emplean para facilitar la exploración emocional y la sanación psicológica. Los terapeutas junguianos, por ejemplo, utilizan estas narrativas para iluminar patrones inconscientes y promover nuevas formas de afrontar los desafíos. Una técnica común es la amplificación, que examina elementos específicos del cuento y los conecta con la vida del individuo. Por ejemplo, un cliente que se siente atrapado en la adversidad puede encontrar inspiración en el héroe que descubre recursos inesperados en su momento más difícil.

La interpretación simbólica es otra herramienta valiosa en este contexto. Consideremos el cuento de Hansel y Gretel: la bruja puede representar una figura opresiva, mientras que las piedras preciosas simbolizan los recursos internos que permiten la supervivencia. Al explorar estas asociaciones, el cliente puede obtener una nueva perspectiva sobre sus propias dinámicas familiares y hallar formas de establecer límites más saludables.

Los cuentos arquetípicos no solo son útiles en terapia, sino también como instrumentos de autoexploración. Llevar un diario de cuentos puede ser una práctica reveladora: registrar y reflexionar sobre las historias que resuenan profundamente nos ayuda a identificar patrones y recursos personales. Preguntas como "¿Qué personaje me atrae más?" o "¿Qué desafíos del relato se asemejan a los míos?" fomentan una comprensión más profunda de nuestra relación con estas narrativas.

Otra práctica transformadora es la creación de cuentos personales. Incorporar elementos de diferentes relatos para tejer nuestra propia narrativa nos permite reinterpretar nuestras experiencias desde una perspectiva arquetípica. Imaginarse como un héroe en busca de propósito o como el patito feo que encuentra su verdadero lugar en el mundo puede servir como un ejercicio poderoso para integrar nuestras vivencias en un relato coherente y significativo.

25 Meditaciones Guiadas para la Integración Emocional

En el bullicio de la vida moderna, la meditación emerge como un oasis de calma y autoconexión. Pero, ¿qué sucede cuando combinamos esta antigua práctica con los principios de la psicología junguiana? Las meditaciones guiadas para la integración emocional nos ofrecen una herramienta poderosa para explorar y sanar nuestro paisaje interno. A través de visualizaciones, diálogos con figuras arquetípicas y encuentros simbólicos con nuestra sombra, estas meditaciones nos permiten acceder a la sabiduría del inconsciente y cultivar una relación más armoniosa con nuestras emociones. Cada sesión se convierte en un viaje inmersivo hacia nuestra propia totalidad psíquica. Carl Jung consideraba que la meditación podía tender un puente entre la mente consciente y las fuerzas primordiales del inconsciente colectivo, abriendo caminos hacia una mayor coherencia interna.

En la meditación junguiana, el propósito no es vaciar la mente, sino llenarla de imágenes y símbolos que resuenen profundamente en nuestra experiencia. A través de técnicas específicas como la visualización, se pueden explorar dimensiones ocultas de uno mismo, invocando figuras arquetípicas como el Sabio, el Guerrero o la Sombra. Este enfoque creativo transforma la meditación en una herramienta para el autoconocimiento y la sanación.

La preparación adecuada del espacio y la mente es el primer paso para una meditación efectiva. Un entorno tranquilo, libre de interrupciones, se convierte en el escenario donde la atención se concentra y la imaginación fluye. Elementos como velas, música suave o incienso pueden ayudar a generar un ambiente propicio, pero lo más importante es encontrar una postura cómoda que permita estar alerta sin tensiones.

Antes de comenzar, se clarifica una intención que funcione como brújula para la experiencia. Ya sea explorar un arquetipo, buscar claridad sobre una cuestión personal o simplemente aumentar la conciencia emocional, esta intención debe formularse de manera clara y repetirse internamente. Este paso inicial establece una conexión consciente con el propósito de la práctica.

El proceso meditativo se inicia con respiraciones lentas y profundas, enfocando la atención en el flujo natural de la inhalación y la exhalación. Este simple acto de observar la respiración no solo ayuda a relajar el cuerpo, sino que también centra la mente, preparándola para sumergirse en el trabajo simbólico.

En la etapa de visualización, se evoca mentalmente una imagen específica, ya sea un arquetipo, un mandala o un paisaje simbólico. Por ejemplo, si se elige trabajar con el arquetipo del Sabio, puede imaginarse una figura anciana rodeada de libros y símbolos de conocimiento. Es crucial permitir que esta imagen se desarrolle con naturalidad, observando sus detalles sin forzar la experiencia.

Al concluir la meditación, se dedica un momento para agradecer a las imágenes o energías encontradas. Esta gratitud no solo sella la experiencia, sino que también refuerza el respeto hacia el proceso interno. Registrar las impresiones en un diario ayuda a consolidar los aprendizajes, permitiendo rastrear patrones recurrentes y aplicar los descubrimientos a la vida cotidiana. Este hábito convierte cada sesión en una oportunidad para integrar las enseñanzas simbólicas de manera práctica.

La conexión con la sombra es uno de los aspectos más transformadores de estas meditaciones. Visualizar un encuentro con esta figura, representada quizá como un personaje o un lugar oscuro y misterioso, brinda una oportunidad para reconocer y aceptar los aspectos reprimidos de nuestra personalidad. En este diálogo interno, lo que inicialmente parecía amenazante se revela como una fuente de recursos y sabiduría oculta.

Asimismo, las meditaciones pueden enfocarse en equilibrar las energías complementarias de anima y animus, las representaciones internas de lo femenino y lo masculino. Imaginar su encuentro y colaboración simbólica fomenta una armonía interna que trasciende los estereotipos y favorece una integración más plena de la personalidad.

El uso de mandalas es otra herramienta poderosa. Contemplar o colorear estas formas circulares antes de meditar puede inducir una sensación de equilibrio y totalidad, que facilita el acceso a contenidos profundos del inconsciente. Cada línea y color se convierte en un portal hacia una experiencia meditativa más rica.

A continuación, se presenta un método sistemático que puede guiar la práctica de estas meditaciones:

1. Preparación del Espacio: Elegir un lugar tranquilo, crear un ambiente propicio y adoptar una postura cómoda.

2. Establecimiento de la Intención: Clarificar el propósito de la meditación, formulando una afirmación clara.

3. Inducción del Estado Meditativo: Enfocarse en la respiración, liberando tensiones físicas y mentales.

4. Visualización Arquetípica: Evocar e interactuar con imágenes simbólicas, como arquetipos o mandalas.

5. Integración y Reflexión: Agradecer a las imágenes, registrar las revelaciones en un diario y reflexionar sobre su aplicación.

6. Cierre y Retorno: Realizar respiraciones profundas, mover suavemente el cuerpo y apreciar el espacio antes de retomar las actividades.

26. El Poder del Perdón: Liberando Cargas Emocionales

«Perdonar es liberar a un prisionero y descubrir que el prisionero eras tú», escribió el teólogo Lewis B. Smedes. Esta cita captura la esencia transformadora del perdón, un proceso que la psicología junguiana entiende como un acto supremo de alquimia emocional. Más que una simple decisión o un gesto magnánimo, el perdón genuino implica un valiente trabajo interno de reconocimiento, aceptación e integración de las heridas emocionales. Al transmutar el resentimiento en compasión, la victimización en empoderamiento y la venganza en liberación, el perdón nos permite romper cadenas del pasado y reclamar nuestra paz interior.

Este proceso puede ser interpretado a través de las etapas de la alquimia, las cuales simbolizan las transformaciones internas necesarias para el perdón. La primera etapa, la nigredo, representa el momento de oscuridad inicial, cuando el individuo enfrenta el dolor y el resentimiento acumulados. Este es un periodo de contacto profundo con la sombra personal, una confrontación con las heridas emocionales que no admite negación ni evasión. Aquí se pone en evidencia todo lo reprimido y se desentrañan los patrones que alimentaron el conflicto, permitiendo una toma de conciencia honesta y valiente.

La segunda etapa, la albedo, simboliza una purificación interna. Es en este momento donde comienza a desmoronarse la rigidez del ego que sostiene el resentimiento. Separar el acto dañino de la identidad del ofensor permite al individuo tomar distancia y ver al otro con una nueva claridad, reconociendo su humanidad y sus propias limitaciones. Este desprendimiento no justifica el daño ni lo minimiza, pero facilita el soltar el apego a la narrativa de víctima y recuperar la agencia emocional.

La tercera fase, la citrinitas, marca el surgimiento de la empatía y la comprensión. En este punto, el individuo logra ver el conflicto desde una perspectiva más amplia, reconociendo la complejidad de las circunstancias y desarrollando una compasión que trasciende los juicios. Este cambio de perspectiva abre un espacio para integrar las lecciones del pasado, fortaleciendo una visión más sabia y equilibrada de la experiencia.

La etapa final, la rubedo, representa la integración y la transformación definitiva. El resentimiento se convierte en aprendizaje, el dolor en fortaleza, y se alcanza un estado de paz que libera al pasado de su dominio sobre el presente. El perdón culmina como un acto de reconciliación interna, un regalo de amor propio que también se extiende hacia el otro, creando la posibilidad de vínculos más auténticos y compasivos.

Es crucial aclarar que el perdón no equivale a olvidar ni a justificar el daño recibido. Tampoco implica necesariamente una reconciliación o el restablecimiento de la relación con el ofensor. Más bien, se trata de un proceso profundamente interno que busca liberar al individuo de la carga emocional del pasado, permitiéndole vivir con mayor libertad y plenitud. Esta tarea exige una combinación de honestidad, valentía y compasión, tanto hacia uno mismo como hacia los demás.

Existen diversas herramientas que pueden acompañar este camino. La escritura terapéutica, por ejemplo, permite expresar emociones y pensamientos retenidos, ofreciendo una perspectiva renovada sobre los acontecimientos. También la meditación es un recurso valioso, ayudando a desarrollar una actitud de aceptación serena hacia las emociones que surgen durante el proceso. A través de la práctica regular, es posible observar las emociones sin quedar atrapado en ellas, lo que facilita su integración y eventual disolución.

Otra estrategia útil es la visualización, donde el acto de perdonar se imagina como una escena de liberación emocional. Repetir afirmaciones positivas como "Elijo soltar el pasado y abrazar la paz" puede reforzar la intención de avanzar. Estas prácticas no solo apoyan el trabajo interno, sino que también ayudan a cultivar una actitud sostenida de compasión y apertura.

En el ámbito de las relaciones, el perdón adquiere una complejidad adicional. Perdonar a alguien cercano puede ser un reto inmenso, pero también una experiencia profundamente transformadora. Al liberar el resentimiento, no solo se aligera el peso emocional propio, sino que se abre la posibilidad de reconstruir la relación sobre bases más sólidas, cimentadas en la comprensión mutua.

Ejercicio Práctico: Descomposición del Resentimiento

El resentimiento es como un nudo que se aprieta con el tiempo. Este ejercicio te ayudará a desenredar los hilos que lo componen, permitiéndote ver cada elemento por separado. Al hacerlo, podrás trabajar con partes manejables en lugar de enfrentarte a una masa abrumadora de emociones.

Objetivo

- Separar los componentes del resentimiento para hacerlos más manejables

- Identificar qué aspectos están bajo tu control

- Distinguir entre hechos e interpretaciones

- Reconocer necesidades no satisfechas que alimentan el resentimiento

El Proceso

Parte 1: Preparación

Necesitarás:

- Un cuaderno dedicado solo a este ejercicio

- Un momento tranquilo donde no serás interrumpido

- Al menos 30 minutos por situación que quieras analizar

Parte 2: La Tabla de Descomposición

Dibuja una tabla con las siguientes columnas:

1. Lo Que Pasó

- Solo hechos concretos que una cámara podría haber grabado

- Sin interpretaciones ni juicios

- Ejemplo correcto: "Juan llegó 45 minutos tarde a nuestra cita"

- Ejemplo incorrecto: "Juan no respetó mi tiempo porque no le importo"

2. Lo Que Sentí

- Emociones específicas, no pensamientos

- Una palabra por línea

- Ejemplo correcto: "Decepción, Rabia, Tristeza"

- Ejemplo incorrecto: "Que no debería haberlo hecho"

3. Lo Que Esperaba

- La expectativa específica que no se cumplió

- Ser muy honesto, incluso si parece "demasiado"

- Ejemplo: "Esperaba que llegara a tiempo porque para mí significa respeto"

4. Lo Que Perdí

- Pérdidas tangibles e intangibles

- Ser específico

- Ejemplo: "Perdí 45 minutos de mi tiempo, la reserva en el restaurante, mi sensación de ser valorado"

5. Lo Que Necesito

- La necesidad profunda detrás de la expectativa

- Ejemplo: "Necesito sentir que mi tiempo es respetado"

- Ejemplo: "Necesito saber que soy importante para los demás"

Parte 3: Análisis de Control

Para cada elemento identificado, marca:

✓ Está bajo mi control

× No está bajo mi control

~ Puedo influir pero no controlar

Ejemplo:

La puntualidad de Juan: ×

Mi reacción a su tardanza: ✓

Comunicar mis expectativas: ~

Parte 4: Plan de Acción

Para cada elemento bajo tu control o influencia, desarrolla:

1. Una acción específica que puedas tomar

2. Cuándo la implementarás

3. Cómo medirás su efectividad

Ejemplo:

Acción: Comunicar claramente mis expectativas sobre la puntualidad

Cuándo: Antes de la próxima cita

Medición: ¿Expresé mis necesidades sin acusar o culpar?

Ejemplo Completo de un Caso

Situación: Mi hermana reveló un secreto personal mío en una reunión familiar

LO QUE PASÓ:

- Mi hermana mencionó mi ruptura amorosa durante la cena familiar

- Cinco familiares estaban presentes

- La conversación duró aproximadamente 3 minutos

LO QUE SENTÍ:

- Vergüenza

- Traición

- Impotencia

- Rabia

LO QUE ESPERABA:

- Que mantuviera mi confidencia

- Que me consultara antes de compartir información personal

- Que protegiera mi privacidad

LO QUE PERDÍ:

- Mi sensación de confianza en ella

- El control sobre mi narrativa personal

- Mi comodidad en reuniones familiares

LO QUE NECESITO:

- Respeto a mi privacidad

- Poder confiar en mi familia

- Tener control sobre mi información personal

ANÁLISIS DE CONTROL:

- Comportamiento de mi hermana: ×

- Mi respuesta emocional: ✓

- Futuros límites de información: ✓

- Confianza familiar: ~

PLAN DE ACCIÓN:

1. Tendré una conversación clara con mi hermana sobre límites

2. Estableceré qué información es compartible y cuál no

3. Practicaré respuestas asertivas para situaciones similares

Recomendaciones para el Ejercicio

1. Trabaja con una situación a la vez

2. Sé brutalmente honesto en tus registros

3. Revisa el ejercicio después de unos días para añadir perspectivas

4. Enfócate primero en situaciones recientes antes de abordar resentimientos antiguos

5. Identifica patrones en tus expectativas y necesidades

Señales de Progreso

Sabrás que el ejercicio está funcionando cuando:

- Puedes hablar de la situación sin que tu cuerpo se tense

- Ves más claramente la diferencia entre hechos e interpretaciones

- Identificas tus necesidades más rápidamente

- Desarrollas más compasión hacia ti mismo y los demás

- Tomas acciones constructivas en lugar de rumiar

27. La Comunidad como Refugio Emocional

En su libro «Tribu»[7], el autor Sebastian Junger explora cómo, en tiempos de crisis, los seres humanos tienden a unirse en comunidades fuertes y solidarias. Esta observación resuena con la visión junguiana de la comunidad como un refugio emocional esencial para el bienestar psicológico. Más que un mero grupo de pertenencia, una comunidad auténtica ofrece un espacio seguro donde los individuos pueden expresar su vulnerabilidad, compartir sus cargas y celebrar sus triunfos. A través de rituales compartidos, diálogo honesto y apoyo mutuo, estas «tribus» modernas nos permiten sanar heridas, fortalecer nuestra resiliencia y cultivar una sensación de conexión profunda en un mundo a menudo fragmentado.

La creación de espacios seguros para la expresión emocional representa un pilar de la inteligencia emocional en las comunidades. Más

---

[7] "Tribu" (2016) es un libro del periodista y documentalista estadounidense Sebastian Junger, que examina la necesidad humana de pertenencia y conexión, especialmente en situaciones de adversidad.

allá de ser un lugar de convivencia, estos entornos promueven una interacción basada en el respeto y la autenticidad. Cuando se eliminan el temor al juicio y la represión, se da lugar a un ambiente donde las emociones pueden fluir y transformarse. Establecer normas claras que prioricen la confidencialidad y la escucha activa genera confianza, permitiendo que cada miembro explore y comparta sus vivencias con libertad. Este tipo de conexión fortalece no solo al individuo, sino también a la estructura misma del grupo.

Prácticas colectivas diseñadas para procesar emociones en conjunto, como los rituales comunitarios, destacan por su capacidad de promover el bienestar emocional. Estas actividades, que varían desde ceremonias estructuradas hasta reuniones espontáneas, proporcionan un marco donde el dolor, la pérdida o la esperanza compartida encuentran expresión. Por ejemplo, grupos que han atravesado situaciones de duelo pueden realizar encuentros donde el intercambio de emociones se dé en un clima de comprensión mutua. La repetición de estas experiencias compartidas no solo alivia cargas emocionales, sino que también fortalece la cohesión social y refuerza el sentido de pertenencia.

Dentro de estas dinámicas grupales, los arquetipos junguianos cumplen un rol fundamental. Figuras como el cuidador, el sabio o el guerrero emergen en momentos clave, moldeando las relaciones y aportando recursos simbólicos para afrontar desafíos colectivos. Un miembro que adopta el arquetipo del guerrero puede ofrecer fortaleza y dirección en tiempos de crisis, mientras que quien encarna al cuidador tiende a sostener emocionalmente a los demás. Reconocer estas figuras arquetípicas y su impacto en la vida grupal no solo enriquece la experiencia comunitaria, sino que también permite manejar las dinámicas de poder y apoyo de manera consciente y constructiva.

La consolidación de una comunidad emocionalmente madura depende, en gran medida, de la implementación de prácticas que fomenten la empatía y el entendimiento mutuo. Herramientas como la escucha activa, donde el interlocutor se centra plenamente en las palabras y emociones del otro, juegan un papel crucial. Técnicas como el parafraseo y la validación emocional ayudan a crear un espacio de comunicación genuina. Además, ejercicios que promuevan la adopción de perspectivas ajenas, como las dinámicas de cambio de roles, profundizan la comprensión de las diferencias individuales. Una estrategia complementaria puede ser el emparejamiento de miembros para formar "compañeros emocionales", promoviendo un sistema de apoyo continuo que refuerce los lazos del grupo y facilite la gestión de los retos emocionales cotidianos.

Los conflictos que surgen inevitablemente en cualquier comunidad deben ser considerados desde un enfoque que priorice la transformación sobre la confrontación. En lugar de tratar las tensiones como obstáculos, pueden interpretarse como expresiones de necesidades psicológicas profundas. Por ejemplo, una disputa por reconocimiento podría reflejar el deseo del arquetipo del héroe de ser valorado por sus contribuciones. Reconocer estas dinámicas internas permite abordar los conflictos desde una perspectiva enriquecedora, fomentando el diálogo y generando soluciones que refuercen los vínculos grupales en lugar de debilitarlos.

El valor del testimonio y la escucha como elementos transformadores no puede subestimarse. Los espacios diseñados para compartir experiencias personales, como círculos de narración, ofrecen un ámbito donde las emociones pueden ser expresadas y validadas colectivamente. Al compartir sus vivencias, los individuos no solo alivian sus propias cargas, sino que también contribuyen al desarrollo de una narrativa común que fortalece la identidad colectiva. Estos intercambios, además, construyen una red de apoyo donde cada voz es escuchada y valorada, consolidando un tejido comunitario resistente y cohesionado.

Otra dimensión significativa es la participación en proyectos creativos compartidos, los cuales permiten canalizar y transformar emociones de manera colectiva. Iniciativas como la creación de murales comunitarios, festivales culturales o producciones artísticas conjuntas estimulan tanto la expresión individual como la cooperación grupal. Estos proyectos no solo generan obras tangibles, sino que también consolidan la conexión emocional entre los participantes. La obra resultante actúa como un símbolo de los lazos creados y las emociones compartidas, fortaleciendo el orgullo y el sentido de pertenencia en la comunidad.

Ejercicio: Creando una Red de Soporte Emocional

Este ejercicio te ayudará a visualizar, evaluar y fortalecer tu red de apoyo emocional, identificando recursos disponibles y áreas que necesitan desarrollo. A diferencia de un simple mapa social, este ejercicio se enfoca en comprender y mejorar la calidad de tus conexiones emocionales.

Primera Parte: Mapeo de Conexiones

1. En una hoja grande, dibuja cuatro círculos concéntricos:

- Centro: Tú

- Primer círculo: Conexiones íntimas (familia cercana, mejores amigos)

- Segundo círculo: Conexiones regulares (amigos, colegas cercanos)

- Tercer círculo: Conexiones ocasionales (conocidos, grupos)

2. En cada sección, escribe nombres de personas o grupos, usando diferentes colores:

- Verde: Personas con quienes puedes ser completamente honesto

- Azul: Quienes te brindan apoyo práctico

- Amarillo: Los que te ayudan a ver perspectivas diferentes

- Rojo: Quienes te animan o motivan

Segunda Parte: Análisis de Recursos

Para cada persona o grupo identificado, responde:

1. ¿Qué tipo de apoyo recibo?

- Ejemplo: "Ana me escucha sin juzgar cuando estoy estresado"

- "El grupo de estudio me ayuda a mantener la motivación"

2. ¿Qué apoyo puedo ofrecer yo?

- Ejemplo: "Puedo ayudar a Juan con consejos sobre tecnología"

- "Puedo ofrecer transporte a María cuando lo necesita"

Tercera Parte: Plan de Fortalecimiento

1. Identifica tres áreas de tu red que necesitan atención:

- Conexiones que quieres fortalecer

- Tipos de apoyo que necesitas pero no tienes

- Habilidades que quieres desarrollar para ser mejor apoyo

2. Para cada área, establece una acción específica:

- Ejemplo: "Llamaré a mi tía cada domingo"

- "Me uniré al club de debate para conocer personas con diferentes perspectivas"

Ejercicio de Seguimiento Semanal

Crea una tabla simple:

Semana del _____

Apoyo Recibido:

- De quién:

- Tipo de apoyo:

- Cómo me sentí:

Apoyo Dado:

- A quién:

- Tipo de apoyo:

- Resultado observado:

Área a mejorar esta semana:

Acción específica:

Ejemplo Práctico

Semana del 15/01/2024

Apoyo Recibido:

- De quién: Carlos (amigo)

- Tipo de apoyo: Me escuchó hablar sobre mi inseguridad en el nuevo trabajo

- Cómo me sentí: Comprendido y menos ansioso

Apoyo Dado:

- A quién: Grupo de estudio

- Tipo de apoyo: Compartí técnicas de organización que me funcionan

- Resultado: Varios compañeros las encontraron útiles

Área a mejorar: Conexión con mi hermana

Acción: Programar una cena juntos esta semana

Beneficios del Ejercicio

- Claridad sobre tus recursos emocionales disponibles

- Mejor comprensión de tus roles en diferentes relaciones

- Identificación de áreas donde necesitas más apoyo

- Desarrollo de reciprocidad en las relaciones

- Construcción consciente de una comunidad de apoyo más fuerte

Consejos para la Práctica

1. Revisa y actualiza tu mapa cada tres meses

2. No te sientas presionado a llenar todos los círculos inmediatamente

3. Calidad sobre cantidad: pocas conexiones profundas son más valiosas que muchas superficiales

4. Sé realista sobre el tiempo y energía que puedes dedicar a cada relación

5. Reconoce que diferentes personas pueden ofrecer diferentes tipos de apoyo

Indicadores de Progreso

Observa estos cambios a lo largo del tiempo:

- Mayor facilidad para pedir ayuda cuando la necesitas

- Mejor capacidad para ofrecer apoyo de manera sostenible

- Relaciones más recíprocas y satisfactorias

- Sensación de seguridad emocional más estable

- Red de apoyo más diversa y resistente

28. El Futuro Emocional: Visiones desde el Inconsciente Colectivo

En su obra «El hombre y sus símbolos»[8], Carl Jung escribió: «Lo que hoy se encuentra en el inconsciente colectivo, mañana será el consciente de la sociedad». Esta provocadora afirmación nos invita a explorar cómo los arquetipos emergentes y los sueños colectivos dan forma a nuestro futuro emocional. A medida que la humanidad enfrenta desafíos sin precedentes---desde la crisis climática hasta la transformación tecnológica---nuevas figuras arquetípicas surgen para guiar nuestra adaptación psicológica. Al prestar atención a estas imágenes y narrativas compartidas, podemos vislumbrar los contornos de una nueva inteligencia emocional global, basada en la empatía, la colaboración y la sabiduría ancestral.

Vivimos un periodo en el que emergen figuras arquetípicas inéditas, adaptadas a la interconectividad que define nuestra era. Uno de

---

[8] "El hombre y sus símbolos" (1964) es un libro póstumo de Jung que explora la importancia de los símbolos y el inconsciente colectivo en la psique humana, y cómo estos influyen en la cultura y la sociedad.

estos arquetipos, el "Conector Digital", sintetiza la capacidad de forjar vínculos significativos en entornos virtuales, superando las distancias físicas y culturales. Este arquetipo ejemplifica la habilidad de transitar con soltura entre lo digital y lo presencial, promoviendo interacciones que conservan una dimensión auténtica. En un mundo donde la tecnología redefine nuestras formas de contacto, esta figura simboliza la importancia de mantener la empatía y la autenticidad en todas nuestras relaciones, incluso las mediadas por dispositivos.

Por otro lado, surge el "Guardián de la Transparencia", un reflejo de la creciente necesidad de honestidad en un entorno saturado de información. Representa el esfuerzo por cuestionar narrativas y recuperar claridad frente a la confusión generalizada. Este arquetipo encarna un compromiso con la integridad y refuerza la importancia de la confianza como pilar indispensable en cualquier comunidad. En un contexto marcado por la ambigüedad, su influencia nos recuerda que el respeto mutuo y la verdad son indispensables para la salud emocional colectiva.

Más allá de estas figuras, los sueños colectivos actúan como expresiones de nuestra psique compartida, canalizando esperanzas, temores y aspiraciones a través de la cultura, el arte y los movimientos sociales. Las narrativas distópicas que proliferan en la literatura y el cine, por ejemplo, reflejan el arquetipo de la "Sombra Colectiva". Estas historias exponen nuestras inquietudes más profundas sobre temas como la crisis ambiental o el impacto deshumanizante de la tecnología. Sin embargo, al reconocer estas sombras, se abre la posibilidad de transformarlas, aprovechando las lecciones implícitas para reorientar nuestras energías hacia un equilibrio renovado.

La acción colectiva también encuentra su representación en el "Héroe Colectivo". Este arquetipo reúne la voluntad compartida de enfrentar los retos de nuestra época, como la búsqueda de justicia social o la preservación del medio ambiente. A través de un sentido renovado de solidaridad, este patrón arquetípico impulsa a las comunidades a superar divisiones y trabajar juntas en pro de un bien común. La amplitud de esta conciencia social señala una expansión de nuestra capacidad de empatizar y colaborar, en un movimiento que promete redefinir nuestras prioridades como sociedad.

En términos prácticos, existen estrategias que pueden fomentar un futuro emocional más cohesivo. Una de ellas es la creación de "mandalas emocionales colectivos", donde grupos o comunidades plasman de manera simbólica sus aspiraciones compartidas. Este proceso no solo promueve la introspección, sino que fortalece los lazos de cooperación y propósito común. Otra herramienta, la "meditación arquetípica guiada", invita a los participantes a visualizar y dialogar con figuras simbólicas que personifican cualidades deseables, como la compasión o la resiliencia. Estas prácticas facilitan tanto el autoconocimiento como el entendimiento de los demás, promoviendo conexiones más profundas.

En paralelo, se hace evidente la relevancia del arquetipo del "Guardián de la Naturaleza". Este simboliza una relación renovada con el entorno natural, basada en el respeto y la comprensión de nuestra interdependencia con el ecosistema. A medida que esta figura se afianza en la psique colectiva, nos desafía a reconsiderar la separación percibida entre humanidad y naturaleza, reforzando una ética de cuidado mutuo que incluye todas las formas de vida. Este replanteamiento no solo redefine nuestro vínculo con el entorno, sino que también impulsa una transformación interna, ampliando nuestra capacidad de empatía hacia lo que nos rodea.

Las dinámicas humanas también se enriquecen con la influencia del "Activista Inclusivo", que promueve un respeto auténtico y un reconocimiento profundo de la diversidad. Este arquetipo cuestiona las divisiones superficiales y aboga por un entendimiento más amplio de nuestra humanidad compartida. Desde esta perspectiva, se nos invita a escuchar con atención, a comunicarnos con honestidad y a generar espacios donde cada individuo sea valorado. Su impacto no se limita a relaciones personales; extiende sus principios hacia formas de organización social y liderazgo que priorizan la colaboración por encima de la competencia.

El papel de la tecnología, por su parte, adquiere una dimensión compleja en este contexto emocional. Figuras como el "Guía Virtual" reflejan cómo los avances tecnológicos pueden complementar el bienestar emocional al ofrecer apoyo personalizado y accesible. Sin embargo, también se identifica al "Tecno-Sabio", que enfatiza la necesidad de equilibrio y criterio en nuestra relación con las herramientas digitales. Este arquetipo nos exhorta a integrar la tecnología de manera consciente, asegurando que esta sirva a la humanidad sin reemplazar las conexiones humanas profundas.

Conclusiones: El Viaje Continuo hacia la Alquimia Emocional

La alquimia emocional, influida por las ideas de Carl Jung, se posiciona como un modelo de transformación profunda que articula las dinámicas internas del ser humano con herramientas prácticas. Este enfoque, más allá de ser una simple metáfora, ofrece un mapa para explorar las estructuras emocionales y psicológicas que configuran la experiencia humana.

Iniciamos explorando los fundamentos de la alquimia emocional, donde los procesos alquímicos antiguos resuenan con las etapas del desarrollo psicológico moderno. Al analizar los arquetipos universales, emergió una comprensión más clara de cómo estas imágenes arquetípicas moldean nuestras emociones y nuestras relaciones con los demás. Uno de los temas centrales fue la integración de la sombra, que no solo plantea un desafío personal, sino que también resulta indispensable para alcanzar una relación más completa con nosotros mismos.

Por otro lado, el marco del recorrido del héroe sirvió para iluminar cómo enfrentamos y transformamos nuestras crisis emocionales. Más allá de las narrativas individuales, este esquema aportó una estructura para comprender los momentos de cambio como puntos de inflexión que pueden enriquecer nuestra psique. De igual importancia fue el análisis de los elementos masculinos y femeninos de la psique, representados por el anima y el animus, que desafían a repensar las concepciones rígidas de los roles de género y a integrar facetas esenciales de nuestra identidad.

Otra aportación significativa fueron los cuatro elementos emocionales, un marco conceptual que no solo clasifica nuestras respuestas emocionales, sino que también ofrece estrategias para regularlas. Este modelo permite examinar las emociones desde una perspectiva holística y práctica. Las fases alquímicas de nigredo, albedo y rubedo, a su vez, revelaron la naturaleza cíclica del desarrollo emocional, enfatizando que no se trata de un proceso lineal ni uniforme.

El análisis de los arquetipos del Inocente, el Guerrero, el Sabio y el Bufón aportó herramientas prácticas para fortalecer diferentes aspectos de la inteligencia emocional. Cada uno de ellos, con su carácter distintivo, sirve como un recurso para enfrentar las complejidades de la vida con mayor flexibilidad y creatividad. A esto se sumaron prácticas como la interpretación de sueños, la creación de mandalas y la atención a la sincronicidad, que abren vías de comunicación entre la consciencia y el inconsciente, enriqueciendo el trabajo interior.

En las relaciones interpersonales, el enfoque alquímico mostró su utilidad al transformar conflictos en oportunidades de aprendizaje mutuo. Este abordaje relacional ofrece un cambio de perspectiva que prioriza la transformación conjunta por encima de la simple resolución de tensiones. Igualmente, la dimensión corporal en la alquimia emocional, con prácticas como la escucha activa del cuerpo y el movimiento consciente, reafirmó la conexión ineludible entre la salud emocional y el bienestar físico.

La perspectiva junguiana enriquece el concepto de inteligencia emocional al integrarlo con el proceso de individuación. Este enfoque redefine la madurez emocional como un ejercicio continuo que incorpora la sabiduría de los arquetipos y la autorreflexión crítica. Asimismo, se destacó la creatividad como una herramienta de transformación, mostrando cómo el arte, la escritura o la música permiten procesar emociones y explorar el potencial interno.

El análisis de temas como el perdón y la importancia de la comunidad amplió el horizonte hacia una visión que trasciende al individuo, subrayando la interdependencia entre las dimensiones personales y colectivas de la experiencia emocional. Estos elementos invitan a comprender las emociones no solo como fenómenos individuales, sino como parte de un entramado que conecta a las personas entre sí.

Además, la tecnología, la conciencia ecológica y la evolución de las relaciones humanas plantean nuevas posibilidades y retos para la alquimia emocional en un contexto contemporáneo. Estas innovaciones amplían el alcance de las herramientas que pueden facilitar la introspección y el crecimiento, haciendo de la transformación emocional un campo en constante evolución.

El carácter cíclico y dinámico de la alquimia emocional subraya que el desarrollo personal no es un proyecto que se complete, sino un proceso continuo. Cada etapa, cada desafío y cada momento de introspección desvela nuevas dimensiones de significado, que a su vez abren caminos hacia una mayor comprensión. Lejos de buscar un ideal estático, este modelo nos impulsa a abordar la vida con paciencia y autocompasión, sin imponer metas rígidas ni finales absolutos.

En este proceso, el autodescubrimiento se convierte en un ejercicio riguroso de introspección y análisis. Cada paso hacia una mejor comprensión de uno mismo contribuye al desarrollo colectivo de una consciencia más amplia y enriquecida, consolidando un modelo de transformación profundamente humano y relevante.

Malcolm J. Austin

Fin

Sobre el Autor

Malcolm J. Austin (nacido en 1975) es un autor y maestro espiritual estadounidense, conocido por sus enseñanzas sobre el Nuevo Pensamiento y el desarrollo personal. Nacido y criado en Boston, Massachusetts, Austin desarrolló desde joven un profundo interés por la espiritualidad y el potencial de la mente humana.

Graduado en Psicología por la Universidad de Harvard, Austin comenzó a explorar diversas tradiciones filosóficas y espirituales, incluyendo el Nuevo Pensamiento, la psicología positiva y las prácticas de mindfulness. Su búsqueda lo llevó a estudiar con varios maestros espirituales contemporáneos, sintetizando sus enseñanzas con los principios del Nuevo Pensamiento.

Austin es un prolífico escritor y conferencista, compartiendo sus enseñanzas a través de libros, seminarios y plataformas digitales.

En sus enseñanzas, Austin enfatiza la importancia de la visualización creativa, la gratitud y la transformación de patrones mentales limitantes como claves para alcanzar el éxito financiero y la abundancia. Cree firmemente en el poder de la mente para crear la realidad y en la existencia de leyes universales que gobiernan la manifestación de nuestros deseos.

Austin también es conocido por incorporar elementos de la neurociencia moderna y la física cuántica en sus enseñanzas sobre la prosperidad, buscando tender puentes entre la ciencia contemporánea y los principios del Nuevo Pensamiento. Sostiene que muchos de los principios del éxito y la abundancia tienen bases tanto en la antigua sabiduría como en los descubrimientos científicos recientes.

A lo largo de su carrera, Austin ha formado a numerosos estudiantes en sus técnicas de visualización y manifestación, creando una comunidad global de seguidores a través de sus programas en línea y retiros presenciales. Sus ideas sobre la conexión entre la mente, la energía y la prosperidad están influyendo en una nueva generación de buscadores espirituales y emprendedores.

www.ingramcontent.com/pod-product-compliance
Lightning Source LLC
Chambersburg PA
CBHW060513100426
42743CB00009B/1304